U0642791

Future Global Civilization

未来全球文明

——人类从工业文明时代走向全球文明时代

周大纲 著

科学技术文献出版社
SCIENTIFIC AND TECHNICAL DOCUMENTATION PRESS
·北京·

图书在版编目（CIP）数据

未来全球文明：人类从工业文明时代走向全球文明时代 / 周大纲著. —北京：科学技术文献出版社，2020.8（2022.3重印）

ISBN 978-7-5189-6947-0

Ⅰ. ①未… Ⅱ. ①周… Ⅲ. ①社会发展—研究—世界 Ⅳ. ① D569

中国版本图书馆 CIP 数据核字（2020）第 133825 号

未来全球文明——人类从工业文明时代走向全球文明时代

策划编辑：孙江莉　责任编辑：马新娟　责任校对：张永霞　责任出版：张志平

出 版 者　科学技术文献出版社
地　　址　北京市复兴路15号　邮编 100038
编 务 部　（010）58882938，58882087（传真）
发 行 部　（010）58882868，58882870（传真）
邮 购 部　（010）58882873
官方网址　www.stdp.com.cn
发 行 者　科学技术文献出版社发行　全国各地新华书店经销
印 刷 者　北京虎彩文化传播有限公司
版　　次　2020 年 8 月第 1 版　2022 年 3 月第 3 次印刷
开　　本　880 × 1230　1/32
字　　数　130千
印　　张　5
书　　号　ISBN 978-7-5189-6947-0
定　　价　36.00元

序　言

时代是思想之母，思想是践行之源。

当代人类社会，正处在工业文明时代后期，并走向未来全球文明时代。当代社会是由多元文明国家组成的国际社会，虽然意识形态（如资本主义、社会主义）、信仰（如宗教、自然、主义、学派等）、国家制度（以私有制为主的国家、以公有制为主的国家）等不同，但是这些不应该影响人类共同追求幸福的目标，不应该成为冲突和战争的理由，而应该求同存异，共同和平发展（多元社会，求同存异）。

当代人类社会，自然进化人的思维及智慧能力，得到了前所未有的提高。可以建立时代新的思想体系，以及构建新的社会秩序法则。首先，以人类共同核心价值观——自由、平等、秩序、诚，作为行为准则和对话基础。其次，以社会秩序法则取代自然丛林法则。在人类命运共同体中，共享共赢。同时，人类要敬畏自然，可持续发展，并不断追求幸福（人以诚为本）。

当代人类社会，以史为鉴求践行。要树立思想家的典范和践行家的楷模，以榜样人物的力量，推动人类的思想进步。同时，也推动社会践行而有效治理（以史为鉴求践行）。

当代人类社会，要面向未来全球文明时代的各种挑战，要与时俱进，慎重发展可能威胁人类生存的核心技术，如类人机器人制造技术、类人生物进化人制造技术等。要保证自然进化人的主导地位。使自然进化人、类人机器人、类人生物进化人和谐相处，并和平共存（未来总是挑战与希望并存）。

本书思想篇以哲学视角论述人类共性问题并介绍一些思想；践行

篇以史学案例方式考证或解释理论，并探索人类未来全球文明时代。

本书由国际著名未来学家、中国社会科学院技术创新与战略管理研究中心原主任，教授、博士生导师金周英先生审阅，并由复旦大学哲学学院院长，教授、博士生导师孙向晨博士；美国耶鲁大学遗传系终身讲席教授，西湖大学副校长、教授许田博士；西北工业大学智能控制专家、教授、博士生导师闫建国博士提过建议。在此，对他们表示衷心的感谢。

周大纲

2020 年 6 月 10 日

目　录

思想篇

践行篇

思想篇

献给先祖思想家周敦颐（1017—1073 年）。“无极而太极”“诚”。

当代社会是由多元文明国家组成的国际社会，虽然意识形态（如资本主义、社会主义）、信仰（如宗教、自然、主义、学派等）、国家制度（以私有制为主的国家、以公有制为主的国家）等不同，但是这些不应该影响人类共同追求幸福的目标，不应该成为冲突和战争的理由，而应该求同存异，共同和平发展。

当代人类社会，自然进化人的思维及智慧能力，得到了前所未有的提高。可以建立时代新的思想体系，以及构建新的社会秩序法则。首先，以人类共同核心价值观——自由、平等、秩序、诚，作为行为准则和对话基础。其次，以社会秩序法则（民主协商、道德维护、科学管理等）取代自然丛林法则（物竞天择、弱肉强食、优胜劣汰等）。在人类命运共同体中，共享共赢。同时，人类要敬畏自然，可持续发展，并不断追求幸福。

第1章　人类共同核心价值观

（自由、平等、秩序、诚）

当代人类社会，在联合国的《联合国宪章》中，在中华人民共和国的《中华人民共和国宪法》中，在美利坚合众国的《独立宣言》中，在国际公约、议程、议定书、条约、协议书中，都以价值观（价值）为共识基础。因此，在多元文明的人类社会中，完全可以以人类共同核心价值观作为行为准则和对话基础。

在多元文明的人类社会里，不同文明核心价值观的语言文字要素有相同的一部分，虽然内涵有一些差异，但可以把它们抽象出来（提炼出来），通过协商和对话达成共识。同时，也可以在未来全球文明时代求同存异，保持多元文明的特殊性。

人类共同核心价值观：自由、平等、秩序、诚。

一、自由

当代自然进化的人类，赋有思维和智慧能力，是自由的。

人的自由可分为自然属性和社会属性。其中，人的思维（大脑思维）有自然属性，即思维领域没有任何界限，不受任何限制，是绝对自由。也就是这种自由，任何人也剥夺不了（除非灭掉人的生命或除去人的大脑思维能力）；而人的行为（包括语言及肢体表达等）有社会属性，即行为会受到一定的限制，是相对自由。也就是可以被其他人剥夺，或控制（失去自由）。

个体人如果脱离社会（包括家庭、国家等），独自远离人类社会而生存，可以追求个人的绝对自由。但这种失去人类社会的个人活着有什么意义？这种获得的绝对自由又有什么意义？

个体人如果在人类社会中追求绝对自由，而其他人也同样追求绝对自由，那么这个社会就变成绝对不自由，这里出现了社会秩序问题。

个体人在人类社会中以思维和智慧能力的绝对自由，可以认识自然世界和学习掌握知识。同时，在人类社会中以实践（行为）的相对自由，可以生活和创造未来。在人类智能由低级向高级不断发展的过程中，还无法认识、理解自然现象和社会现象时，人类就寄托一种信仰（包括宗教、自然、主义、学派等）。信仰也是一种自由，内心（在大脑中）的信仰是绝对自由，而参加组织或个人行动（行为）的信仰是相对自由，这里出现了政治问题，也就是社会秩序问题。

个体人如果在人类社会中被剥夺了自由，甚至一个群体人（家庭、国家等）被另一个群体人（家庭、国家等）剥夺了自由，那么就会发生反抗、斗争及革命、战争，因为人类始终有追求自由的愿望和能力。因此，自由是人类共同核心价值观之一。

二、平等

当代人类的生物属性，决定了人身体（本体）的生与死，是平等的。

人的平等也可分为自然属性和社会属性。其中，人的出生与死亡是自然属性，是绝对平等。而人的社会生活（生存）是社会属性，是相对平等。如果一个社会实行绝对平等分配政策，由于人们的思想觉悟还没有达到一定的文明程度，而造成社会进步缓慢、劳动生产力低下、人民生活贫穷、国家落后等。这也是历史的教训。

个体人在人类社会生存中，有欲望追求绝对平等，这是人生追求目标的竞赛（人比人更优秀的竞赛），也是推动个体人生和人类社会发展的一种动力，是相对平等的。当然，不能出现贫富相差太大的现象，国家在制度及机制上要进行宏观调节。作为个体人的生活是有不同阶段的目标，人生一直在追求目标（可见附录 C）。但是，个体人在精神上是绝对平等的。因而，作为人类社会的家庭、国家、联合国在法律和公约等上，要确立人人平等。

在人类社会中，个体人不断实现人生中不同阶段的目标，追求着人生的幸福。国家也是追求繁荣昌盛、人民幸福。

在人类社会中，个体人如果被迫失去了平等，一个机构（企业、组织等）被另一个机构（企业、组织等），甚至一个国家被另一个国家压迫而失去了平等，那么就会发生反抗、斗争及革命、战争，因为平等是人类始终追求的愿望。因此，平等是人类共同核心价值观之一。

三、秩序

当代人类社会的运行与发展依靠的是秩序。

人类社会的秩序也可分为自然属性和社会属性。人类社会秩序的自然属性是指两个方面：一方面，自然界的秩序（规律、平衡等）直接破坏、遏制人类社会秩序，如大雾、地震等自然灾害；另一方面，人类社会秩序（行为等）打破了自然界的秩序（平衡等），得到自然界秩序的惩罚，如人类工业大量排放温室气体二氧化碳（CO_2）等，使地球温度升高而造成地球生态危机，直接影响人类的生存等。人类社会秩序的社会属性是指人类社会（人类界）自己社会的秩序，是靠人类共同协商确定（民主协商、道德维护、科学管理等）。以法律、规章、公约等规范，来限制人类的行为（不管是个人、家庭、国家，还是地区、全球），都以大多数人的行为限制少数人的行为，也称为民主权利等，或者作为人类共同行为准则，而支配（管理）人类社会。

人类社会，一方面要预防地球自然秩序对人类社会秩序的影响；另一方面在制定社会秩序时，要保护地球自然秩序（如地球自然生态环境平衡等），并不断修复自然环境，保持人类与自然的平衡，避免人类受伤害或灭亡。

人类社会，如果少数人破坏社会秩序，将会受到大多数人的限制及制裁。如果少数国家破坏国际社会秩序，将会受到大多数国家的反对及制裁。如果超级强国无视大多数国家而破坏国际社会秩序，虽然可以获得近期利益，但最终会在大多数国家的反对、斗争及战争下，受到惩罚，并重建人类社会新秩序。

当代人类社会秩序主要分为国家（主权国家）和联合国（由主权国家组成的成员国际组织）两个层次。其中，国家社会秩序比联合国全球社会秩序更加强势，前者以法律等形式确定，能较强限制人民的行为；而后者以公约等形式确定，能较弱限制各个国家的行为。但是，人类社会秩序是通过国家（或联合国）制定的，对人民（或各个国家）具有一定的约束力，并且要与时俱进。因此，秩序是人类共同核心价值观之一。

四、诚

当代人类社会要倡导“诚”（这里采纳和继承的是中国北宋思想家周敦颐核心思想的“诚”[1-2]，它是中国新儒学的理学思想，有近千年的历史，并作为中国宋、元、明、清官方哲学思想近800年）。

周敦颐（又称周子）“诚”的思想体系由南宋朱熹集成。作为东方文明思想遗产的“诚”，是否可以作为当代人类社会普遍价值观（价值）之一？我认为是可以的。“诚”的存在有它的合法性和必要性，并具有现实意义和深远的历史意义。

当代学者陈来解释“诚就是宇宙的真实”[3]。周敦颐在《通书》中讲[4]：“诚者，圣人之本。”诚有自然属性和社会属性。在周敦颐哲学思想中的核心就是一个“诚”字。诚是他关于天道、人道、天人合一之道的最高境界的表达。诚主要分为天道本体论和心性本体论两个方面。在他看来，诚首先是宇宙存在的根据，是宇宙的本体，即天道本体论。在《太极图说》中，他认为人与万物同样都是二气交感所化生出来的，而其根源都是太极，再由太极推及人极，也就是把人的道德、人性看成与宇宙生成过程相同的无极而太极、阴阳五行的过程，这样便为他的诚的理论奠定了宇宙论的基础。诚所体现的心性本体论有一个突出的表现是人的道德伦理。他如此推重诚，就是坚信人类具有真诚、善良的本性。他发挥了《中庸》关于"诚"的思想，从宇宙论进而推演出人道观，建立了以诚为本的道德伦理学说［详细可见第 8 章"一、思想家的典范（周敦颐）"］。

新中国第一任国务院总理周恩来也深刻揭示[5]"世界上最聪明的人是最老实的人，因为只有老实人才能经得起事实和历史的考验"，即做人要诚。

当代人类社会，东方文明的诚（道德修养等），类似于西方文明的善，前者注重人的向内，后者注重人的向外，都是做人之本。对国家也是一样，要讲诚信等。因此，人以诚为本。

当代人类社会，家庭家法、国家法律、联合国公约等，虽然都起到不可缺少而有效的保障社会秩序的作用，但是仅依靠法律是不够的，还需要人的诚（自我修养的道德、伦理、自律等）来保证。国家之间也是如此。人类社会的法治与德治并不矛盾，前者对人的行为限制最有效，而后者对人的思想约束最有效。因此，两者要相结合，法律与道德同时起作用，人类社会才能稳定、高效、可持续地往前发展。

人的诚可以通过教育、学习、修养等方式获得，如果人类社会做到人人以诚立人（做人）、以诚相待，那么这个人类社会就是最完美的社会，人民就是最幸福的人民。

如果人类社会出现诚的危机，不管是个人、家庭、企业、国家等都会出现混乱局面，结果是灾难性的。因此，诚是人类共同核心价值观之一。

综上所述，如果人类整个社会都能达成共识，把人类共同核心价值观——自由、平等、秩序、诚，作为行为准则和对话基础。那么，在当代全球这样一个多元文明的人类社会里，不管是西方文明（美国）为主导，还是东方文明（中国）为主导，或如美国学者塞缪尔·亨廷顿（Samuel P. Huntington）所讲[6]："在这样一个多元的世界上，任何国家之间的关系都没有中国和美国之间的关系那样至关重要。""未来的世界和平在相当大的程度上依赖于中国和美国的领导人协调两国各自利益的能力，以及避免紧张状态和对抗升级为更加激烈的冲突甚至暴力冲突的能力，而这些紧张状态和对抗将不可避免地存在。"因此，中美两国可以通过对话和协商达成共识，避免文明冲突（考验中国和美国领导人的智慧能力及人类历史的责任担当），从而实现未来全球文明，使人类获得幸福，进而可持续发展。

自由、平等、秩序、诚，它们之间有着相互联系（逻辑性、关联性的联系）。自由是人类社会科学技术创造和发展的动力，但受秩序的约束；平等是人类社会追求幸福生活的持续目标，但需要受到社会（如家庭、国家、联合国法律和公约等）的保护，也就是秩序的保护；秩序是人类社会活动的有效保障，但需要人民"诚"的素质维持；诚是人类社会文明的基础，但需要人民素质的不断提高并与时俱进。

第 2 章　宇宙观（世界观）

当代人类对宇宙的理解（认知），随人类科学技术进步能力的不断提高而不断深入，也直接影响人类宇宙观（世界观）的树立。

一、宇宙起源

浩瀚宇宙起源虽然有许多假设，但到现在还没有被科学揭秘。1000 年前，中国北宋思想家周敦颐（集当时中国儒、释、道三教思想）提出“无极而太极”[7]，确立了当时宇宙生成论。

现代科学证明浩瀚宇宙在永恒地运动（流动），人类设定了空间坐标（位置）、尺度（距离）和时间等来描述这种运动，并且逐渐理解了人类所处的浩瀚宇宙、银河系、太阳系、太阳、地球、月亮及地球上的万物等。当然，人类认识宇宙还是很少的。

当人类受科学技术进步能力的限制（人类的智能由低级向高级不断发展过程中），还无法认识、理解自然现象和社会现象时，人类就寄托一种超人能力的信仰（如宗教等）。

虽然人类对宇宙探索（认识）是有限的，但是人类的宇宙观已经有 5000 多年悠久的历史。其中 1000 年前中国北宋思想家周敦颐论述的宇宙观（《太极图说》）是优秀的代表，深深地影响着中华文明。

人类宇宙观的内容涉及很广，其中可分类的自然界、社会界、人界（人的自我界）对当代人类显得更为重要。

二、自然界

当代人类的宇宙观，对自然界已经有很深刻的理解，人类在浩瀚宇宙中显得非常渺小（微不足道），人类在地球上的生存也是有限的，如果人类想在地球上延长生存那就必须使全人类达成共识：与自然界平衡相处，并可持续发展。这就是未来的全球文明。如果人类想在宇宙中更加延长生存，那就在地球生存结束前，找到其他能生存的星球。也许会碰到其他星球的文明并与他们和平相处。这就是未来的星际文明。最终人类随宇宙的奇点（灭亡及生成点），即灭亡而灭亡。也可能在宇宙再次生成中，在类似地球自然环境中，再次自然进化出类人类。那时，很可能就不是现在的人类了，即现在人类已终结。

当代人类的宇宙观，要对现处在工业文明时代进行反思（或批判），也就是现人类发展已经严重破坏了与自然界平衡，处于不可持续发展。因此，人类必须尽快达成更多的共识，并且维护已达成的共识（公约等）。要共同反对和制止某些国家及集团的自身利益。

当代人类的宇宙观，要对未来全球文明时代设计出与自然界平衡、可持续发展的方案，并达成更广泛的共识（不仅仅是国家法律、联合国公约等），而成为人类共同的世界观（全球公民的行为准则），让人类都知道：人类生存与自然界密切相关，有同生共死的命运。

三、社会界

当代人类的宇宙观，对社会界也已经有很深刻的理解，人类社会从农业文明时代到现在已有 1 万多年的历史，现人口有 77 亿。人类对社会有高度的认识，已经积累了丰富的经验和教训。

当代人类的科学技术进步能力在前所未有的高速发展，并快速地推进工业文明时代向未来全球文明时代方向发展。其社会特征是构成人类社会的四大流，即信息流、货币流（资金流）、物流、人流，以惊人的速度在全球流动。其中信息流、货币流以人类设定的秒来计算，进行信息超级流量交换和货币结算；物流、人流以人类设定的时来计算，进行货物快速运达和人快速流动（或迁移）。并且人类社会使人与人之间关系变得又如此密切和关联。如果一个人感染了新宿主病毒（如新冠肺炎等），一个多月的时间就可以传遍全球，速度就是如此之快，而且使人们来不及快速反应和阻挡。

当代人类的宇宙观，对社会界的物质和精神的快速变化要及时转变观念，并给出快速的反应。在当代人类社会中已经很难做到，单靠一个国家就能解决全球性的问题。因此，当代人类必须对现工业文明时代进行反思（或批判），也就是现人类发展已经严重造成了社会界的不和谐，出现了不可持续发展。因此，人类必须打破旧的自然丛林法则，而建立新的社会秩序法则，重构人类社会新秩序。

当代人类的宇宙观，要对未来全球文明时代设计出与社会界和谐、可持续发展的方案。即在一个充满平等的多元文明的世界里，建立新型全球公民行为准则和社会秩序法则等，并达成更广泛的共识（不仅仅是国家法律、联合国公约等），树立人类共同的世界观，让全人类都知道未来全球文明时代是全球人类命运共同体，进而可以实现全人类幸福和可持续发展。

四、人界

当代人类的宇宙观，对人界也已经有很深刻的理解，每一个个体人都有独一无二的个体性（个性）和社会性。人类历史在发展进程中，对人界有高度的认识，已经积累了丰富的经验和教训。

个体人在人类社会中以思维和智慧能力的绝对自由，认识自然世界和学习掌握知识。同时，在人类社会实践（行为）中相对自由地生活和创造未来。当人类的智能由低级向高级不断发展过程中，还无法认识、理解自然现象和社会现象时，人类就寄托一种信仰（如宗教等）。信仰也是一种自由，内心（在大脑中）的信仰是绝对自由，而参加组织或个人行动（行为）的信仰是相对自由。因此，个体人的自由性质决定了个体人的自我发展，也决定了人类社会的发展。

当代人类的宇宙观，对人界的自由、信仰和诚的全面理解时，要有与时俱进的观念转变。它是人类创造力的源泉、生命的动力、立人的本源。特别在人类社会中，个人的诚彰显得更加重要，它是人一切行为的基础。诚在中华文明修养（道德伦理等）中的地位很高，“诚者，圣人之本”。但是，诚是可以通过教育、学习、修养等方式获得，如果人类社会做到了人人以诚立人（做人），以诚相待，那么这个人类社会就是完美的社会，人民就是幸福的人民。

综上所述，当代人类的宇宙观（世界观）从对自然界、社会界、人界方面重点论述，可以作为人类共同核心价值观的基础。如果有共同之处就可达成共识，那么在未来全球文明时代就可求同存异，即多元文明社会在全球文明时代中求大同（如共同核心价值观、共同行为准则、共同社会秩序法则等）、存小异（如不同意识形态、不同信仰、不同民族文化等），共同追求全人类幸福，并可持续发展。

第3章　人生观

一、东西方人生观比较

当代人类的人生观，在东西方文明中追求不同。当代学者陈来讲[8]：“西方近代的人本主义更多的是以个人为本，但是中国的以人为本，不是讲以个人为本，而是以群体为本，所以群体是高于个人的。”“中国人的群体意识是非常开拓的，以天下为己任。”也可以说，人的义务高于人权（义务先于权利）。

对于人生的根本态度，东方文明（中国）以人为本与西方文明（美国）以个人为本有差异，如何达成共识？可以通过个体人的道德修养等来实现。东方文明人的最高境界是诚；而西方文明人的最高境界是善。实际东方文明的“诚”与西方文明的“善”，本质上是一样的。它们都是人类社会追求的道德和伦理原则。

当代人类的人生观，对道德修养的要求，东西方文明是有相同之处的。西方哲学家亚里士多德早就讲过[9]：“公民的道德要求是比较低的，做一个公民和做一个善人是不一样的，作为一个公民，要求公正有序，这不是一个很高的要求。可是作为一个善人，他的要求是比较全面的。”东方思想家周敦颐也早就讲过：“诚者，圣人之本。”在中华文明中，圣人是人们追求的最高目标，如孔子、孟子、周子等。

二、人生的追求

对于当代人类社会来讲，公民和精英管理者（如国家各级领导人、企事业管理人等）的道德修养要求是不一样的。对前者有基本要求，并倡导他们追求成为后者；而后者要求更高、更全面，因为他们的责任关系到世界和平、国家存亡、企业生存、人民幸福等。

当代人类的人生观，个人除追求自己人生的幸福外，更要承担社会（家庭、国家、国际等）的责任。

当代人类社会，可以将主流人生的追求分成“三步曲”：生存、追求、贡献。即：一个人生下来，带着人类的基因，在家庭和国家环境中，从成长到死亡，首先经历生存阶段，即维持基本生命阶段；其次经历追求阶段（自我实现阶段），即创造和积累财富（包括物质财富和精神财富）阶段；最后经历贡献阶段，即向社会贡献财富阶段。人的一生都在追求幸福，并享受生活（详细论述可见附录C）。

第4章　社会观

一、东西方社会观比较

当代人类的社会观，在东西方文明中追求不同。东方文明（中国）追求的是“王道”世界和“和谐法则”（“社会秩序法则”）；而西方文明（美国）追求的是“霸道”世界和“自然丛林法则”。当代学者陈来讲[10]：“王道世界是一种与帝国主义强力霸权不同的天下秩序。”“孟子对‘王道’和‘霸道’的区分是：‘以力假仁者霸，霸必有大国；以德行仁者王，王不待大。’‘以力服人者，非心服也，力不赡也；以德服人者，心中悦而诚服也’。”

对于社会的根本态度，东西方文明的差异，如何达成共识？首先，未来全球文明时代必须吸取工业文明时代发展过程的历史教训，转变社会发展的观念，打破霸权主义思想和自然丛林法则。其次，重构人类社会和谐的新秩序，并确立社会秩序法则。这样可以避免东西方文明的冲突或战争（实际现代发动核战争都不会有赢家），通过人类社会广泛对话、谈判和协商，达成人类共识。

二、社会的和谐

当代人类的社会观对国家制度的要求，东西方文明是有相同之处的。如美国与中国比较，虽然人民（公民）选择的国家意识形态不同，但是为了实现国家社会稳定和有秩序发展，美国和中国在具体的选举制度、司法制度、管理制度、决策制度、经济制度、货币制度、福利制度等方面，大都还是有相同（或近似）之处的。即便是国家意识形态美国选择资本主义，即私有制；而中国选择社会主义，即公有制。在实际国家运行和治理中，美国社会也不是纯粹私有制；中国社会也不是纯粹公有制，而是两种所有制的复合体制（既可以认为是两国国家制度的相互融合，也可以认为是东西方文明融合）。在社会实践中，有时发生紧急情况和突发事件下（如自然暴发的大地震、洪水灾害、大规模疫情，以及人类社会造成的金融危机等），还显示出以公有制为主导的中国国家制度更加优越和有效。

当代人类社会是由多元文明国家组成的国际社会，虽然意识形态（如资本主义、社会主义）、信仰（如宗教、自然、主义、学派等）、国家制度（以私有制为主的国家、以公有制为主的国家）等不同，但是这些不应该影响人类共同追求幸福的目标，不应该成为冲突和战争的理由，而应该求同存异，共同和平发展。

当代人类社会，自然进化人的思维及智慧能力，得到了前所未有的提高。可以建立时代新的思想体系，以及构建新的社会秩序法则。首先，以人类共同核心价值观——自由、平等、秩序、诚，作为行为准则和对话基础。其次，以社会秩序法则（民主协商、道德维护、科学管理等）取代自然丛林法则（物竞天择、弱肉强食、优胜劣汰等）。

当代人类社会，在国家与国家、企业与企业、人与人之间的竞争中，都习惯用自然丛林法则。这在人类早期进化、生存中，起到一定的积极作用，那时，人类的生存主要依赖于自然环境，受自然丛林法则支配。但是，随着人类的思维及智慧能力的不断提高，人类的生存与发展逐步摆脱完全依赖于自然环境。通过近一万年的进化，从农业文明时代，发展到工业文明时代。在现代社会中，自然丛林法则已经不能完全适合于人类社会，而且有时会影响人类社会和谐，并产生博弈、冲突、战争等。因此，人类要转变观念，树立社会秩序法则，国家通过民主协商确定法律、法规、制度、机制等，进行科学管理，促进国家进步；企业通过国家法律、法规等，在行业里自律、公平竞争，依靠科学管理提高企业竞争能力；个人注重道德修养，遵纪守法，提高自己的技术、技能水平，平等参与竞争，使整个社会和谐发展。

当代人类社会，要达成共识：在人类命运共同体中，共享共赢。同时，人类要敬畏自然，可持续发展，并不断追求幸福。

第 5 章　全球文明

一、人类起源

地球大约形成于 50 亿年前，直到 40 亿年前才出现最早的生命（原生的单细胞生物），到 400 万年前才出现人类的祖先猿人。而现代人类出现在 4 万年前。美国学者斯塔夫里阿诺斯（L. S. Stavrianos）指出[11]：“人类是自然选择的产物，是从一系列人类的祖先即近似人形的猿人进化而来的。”还揭示出：“人类祖先的演变发生在有 6～7 次大冰期和 5～6 次间冰期的更新世时代。当时激烈的环境变化迫使所有的动物都必须不断地适应和再适应变化着的环境。而能否从残酷的适应过程中脱颖而出，关键不是取决于蛮力，也不取决于耐寒的能力，而是取决于智力的不断增长，取决于能否运用其智力使自己较好适应环境的需要。当然，这也就是人类之所以能够在地球上居于无可争辩的主宰地位的秘密。”

当代人类是自然进化的产物，并赋有思维和智慧能力，他与自然有着密切的关系。自然环境可以产生人类，也可以灭亡人类。人类必须追求与自然的平衡。

二、文明进程

人类社会经历过旧石器时代（大约 20 万年前到 1.2 万年前）和新石器时代（大约 1.2 万年前到 6000 年前）[12]。

人类社会又经历过农业文明时代（大约1万年前）和工业文明时代（300年前至今）[13]。

人类社会文明时代的定义还没有达成共识。但是，参照有关学者的观点，可以抽象的定义为：以人类科学技术进步能力，与其相适应的有秩序的社会状态。

人类社会文明时代，可以分为世界整体文明时代（如农业文明时代、工业文明时代、全球文明时代、星际文明时代等）和区域国家或国家集团文明时代（如美国文明时代、中国文明时代、欧共体文明时代，以及东方文明时代、西方文明时代等）。

人类社会文明时代，其文明进程是一个叠加渐进的过程，由低级往高级发展。人类自身能力的外延（扩张）和替代，靠人类的思维和智慧能力促进科学技术能力提高，而不断取代人类使用的工具，或者制造出类人机器人及类人进化人（如通过农业革命、工业革命、技术革命等）。

人类社会文明时代，随着人类科学技术进步的加快而加快。当代人类社会以前所未有的速度在推进人类社会文明，可形容为日新月异。

三、工业文明时代

人类社会的工业文明时代，从18世纪开始到21世纪的现在，已经经历了300年，并且还继续在世界各地扩大过程之中。其中，中心已从西方英国转移到美国。当代美国（美利坚合众国，独立日1776年7月4日[14]）已成为世界超级大国（国内生产总值GDP居世界第一）。而东方中国（中华人民共和国，成立日1949年10月1日）自成立以来，从一个以农业为主的国家，通过70多年的努力奋斗，已崛起（或称为复兴）成为世界超级经济大国（国内生产总值GDP居世界第二）。

人类社会的工业文明时代，如果按定义可以分为：早期从 18 世纪末开始，以蒸汽机（1769 年）为技术标志，制造出节省劳动力的机器[15]；中期从 20 世纪中期开始，以核能为技术标志，制造出核武器（第一次使用原子弹，1945 年 8 月 6 日，日本广岛），结束了第二次世界大战，同时也制造出新能源（核动力）。核武器可以遏制世界大战，维护人类和平秩序，同时也可以威胁人类生存（世界核大战可以导致人类灭亡），核动力可以造福于人类；后期从 21 世纪初开始，以人工智能为技术标志，制造出取代劳动力的智能类人机器人（索菲亚类人机器人获得沙特阿拉伯公民身份，2017 年 10 月 26 日）。智能类人机器人突破了自然进化人类界限，可以取代人类劳动，同时也可能威胁人类生存。

在当代人类社会的工业文明时代后期进程中，21 世纪 20 年代美国主张[16]：国家利益，美国优先。先后发生了 2017 年 10 月 12 日美国退出《全球移民协议》；2019 年 8 月 2 日美国退出《苏联和美国消除两国中程和中短程导弹条约》（中导条约）；2019 年 11 月 4 日美国正式启动退出《巴黎气候变化协定》的进程等重大事件。而中国主张[17]：构建人类命运共同体，实现共赢共享。在 2013 年秋中国提出：共同建设丝绸之路经济和 21 世纪海上丝绸之路（“一带一路”）倡议，并务实合作实施。

美国与中国的思想（理念）碰撞和行动结果，给全球秩序带来了动荡和重构。美国对中国的贸易大战及 5G 高技术企业遏制等给全球经济前景带来了不确定性。因此，作为 21 世纪人类社会的主导超级大国——美国与中国，必须以大国担当精神，在联合国平台上，以联合国宪章为基础，制定和修改一系列国际法律和公约，并带头付诸实施，重构全球新秩序。避免冲突，和平对话，达成共识，和谐发展。美中要战胜分歧，建立互信，为维护稳定与和平的国际秩序做出建设性努力。

当代人类社会工业文明时代后期的核心思想如下。

1. 共识人类社会共同核心价值观

人类共同核心价值观是自由、平等、秩序、诚。

可以从 1776 年 7 月 4 日美国《独立宣言》中对照出：自由（自由权）、平等（人人生而平等）、秩序（人权、安全、民主）、诚（幸福权）。

也可以从 2018 年版《中华人民共和国宪法修正案》（2018 年3 月 11 日第十届全国人民代表大会第一次会议通过）国家倡导的社会主义核心价值观中对照出：自由、平等（还有公正）、秩序（民主、和谐、法治）、诚（诚信、敬业、友善、爱国、文明、富强）。

还可以从 1945 年 6 月 26 日《联合国宪章》序言、第一章“宗旨及原则”中对照出：自由（还有基本自由）、平等（人民平等权利、各会员国主权平等、正义）、秩序（人权、安全、和平、义务）、诚（善、友好）。

从上述联合国、美国、中国立法确定的各自价值观中，可以抽象出文字相同（或含义类似）的人类共同核心价值观：自由、平等、秩序、诚。同时，还可以通过对话及交流丰富其内涵，达到求同存异，既保持全人类的统一性，又保证各国的特殊性（多元性），并且与时俱进，不断完善，达成共识。

人类共同核心价值观是人类的行为准则，即处理全人类、国家与国家、国家与公民、国家与民族、国家与信仰等关系，避免政治冲突和战争。

2. 建立人类社会新秩序法则

人类社会进入工业文明时代，促进了科学技术快速进步，创造了丰富的物质产品，对人类社会的政治、经济、文化等方面发生了翻天覆地的变化。工业文明时代以追求财富为主要目标，强调自由竞争，过于依赖市场机制配置资源等，遵循的是自然丛林法则，因而出现一些问题[18]：①人与自然关系恶化，严重损害了大自然生态的平衡，对人类赖以生存的地球环境、生态资源造成了不可挽回的破坏，造成整个世界面临饮用水污染、森林大面积消失、沙漠扩大、物种灭绝、自然灾害频发等局面。②根深蒂固的掠夺性，不仅表现在人类对大自然的掠夺，还表现在人类社会发达国家对不发达国家的掠夺，如抢占殖民地，掠夺生产资料、海外市场和财富等。发达国家还在世界各地展开了激烈的争夺，引发了各种冲突和战争，导致世界动荡不安。③崇尚金钱和权力的世界，在追求物质利益第一的社会里，人成为金钱和权力的奴隶，进而导致人的道德底线下滑。为了追求商业利益而滥用技术，使得科学技术反而给人类的未来带来严重威胁。

总之，这给人类社会发展带来了不可持续性。因此，人类社会必须转变观念摒弃自然丛林法则（物竞天择、弱肉强食、优胜劣汰等），建立新的社会秩序法则（民主协商、道德维护、科学管理等），使人类社会保持和谐而有秩序的可持续发展。

3. 构建人类命运共同体

2017 年 1 月 18 日，中华人民共和国主席习近平在联合国日内瓦总部发表《共同构建人类命运共同体》的演讲中提出[19]：“构建人类命运共同体这一时代命题。”“宇宙只有一个地球，人类共有一个家园。”“到目前为止，地球是人类唯一赖以生存的家园，珍爱和呵护地球是人类的唯一选择。瑞士联邦大厦穹顶上刻着拉丁文铭文‘人人为我，我为人人’。我们要为当代人着想，还要为子孙后代负责。”

“理念引领行动，方向决定出路。纵观近代以来的历史，建立公正合理的国际秩序是人类孜孜以求的目标。从 360 多年前《威斯特伐利亚和约》确立的平等和主权原则，到 150 年前日内瓦公约确立的国际人道主义精神；从 70 多年前《联合国宪章》明确的四大宗旨和七项原则，到 60 多年前万隆会议倡导的和平共处五项原则，国际关系演变积累了一系列公认的原则。这些原则应该成为构建人类命运共同体的基本遵循。”

“坚持对话协商，建设一个持久和平的世界。国家和，则世界安；

国家斗，则世界乱。”

“我提出‘一带一路’倡议，就是要实现共赢共享发展。”

“中国是联合国创始成员国，是第一个在联合国宪章上签字的国家。中国将坚定维护以联合国为核心的国际体系，坚定维护以联合国宪章宗旨和原则为基石的国际关系基本准则，坚定维护联合国权威和地位，坚定维护联合国在国际事务中的核心作用。”

“中国古人说：‘善学者尽其理，善行者究其难。’构建人类命运共同体是一个美好的目标，也是一个需要一代又一代人接力跑才能实现的目标。中国愿同广大成员国、国际组织和机构一道，共同推进构建人类命运共同体的伟大进程。”

上述习近平提出的人类命运共同体的理念和思想，给当代人类社会工业文明时代后期改革指明了方向，同时为人类社会进入未来全球文明时代指出了一条道路。

当代人类社会，工业文明时代后期在构建人类命运共同体的过程中，倡导全球人类共同利益优先于个别国家利益，并反对在国际事务中只强调国家利益和国家优先行为。当代人类社会发展很不平衡，发达国家（地区）应该支援和帮助不发达国家（地区），让他们的人民摆脱贫困、改善生活，使国家逐步富裕起来，并进入现代化。让他们分享人类社会的科学技术进步成果，相互平等、相互尊重，共同和谐发展。

当代人类社会，要慎重发展类人机器人技术。现在类人机器人的智能在某些方面已经超过自然进化人类，要防止它们未来威胁自然进化人类。这也是人类命运共同体所要关心的大事。要把类人机器人和类人进化人控制在为自然进化人类服务的范围以内，确保自然进化人类和平与幸福，并可持续发展。

4. 推进人类未来全球文明时代

人类社会工业文明时代之后是否是全球文明时代？进入全球文明时代还需多少时间？

当代学者金周英预言[20]："真正实现向未来的新文明——'全球文明'的转型，也许还需要几百年或者更长的时间。"

当代学者汝信预言[21]："有人认为全球化时代将会出现一个统一的'全球文明'以取代各个不同的文明，而各个文明所创造的文化也将朝着'趋同'的方向发展，文化的多样性亦将逐渐消失。这种看法是十分错误的，实际上经济全球化大大加强了不同文明之间的交流，还不仅没有消灭各种文明和文化的差别，反而使它们获得新的活力而日益朝着多元化的方向发展。现在不同文明和多元文化的长久存在已得到国际社会的充分肯定。"

从上述当代学者预言中，可以知道人类工业文明时代之后是全球文明时代，需要转型较长的时间。同时，还可以知道全球化时代转型的全球文明时代是多元化的。

如果按人类社会文明时代的定义考察，全球化时代从 20 世纪末开始，以互联网络为技术标志，制造出提高劳动力效率的互联网（第一次确定互联网络的定义，即将 Internet 定义为使用 TCP/IP 连接成网络，1982 年）。也就是说，人类社会似乎在 20 世纪末开始出现全球文明时代的萌芽。

但是，美国学者丹尼·罗德里克（Dani Rodrik）提出[22]全球化的悖论观点。"政府是每个国家的政府，市场却是全球性的，这就是全球化的致命弱点。""民主和国家自主应该压倒超级全球化。民主国家有保护自己国家社会制度的权利，当这种权利和世界经济的要求发生冲突时，世界经济要让步。""给民主国家更多自主权能使全球经济基础更稳固，发展更健康。这就是全球化的悖论的精华所在。"

"我们应该接受全球化是一个多元化国家的集合体，监管它们交往的应该是一层薄薄的、透明的、合乎常理的交通规则。""建立一个更好的全球化体系，一个经得起考验的，符合各国的价值及理想、抱负的新体系。"

综合上述，当代人类社会正处在经济全球化关键时期，无论是往超级全球化（政治全球化 + 经济全球化）方向发展，还是直接往全球文明方向发展，都会碰到多元文明的各个国家主权问题，以及联合国政治体制改革问题。因此，要推进人类未来全球文明时代，就必须采取以下措施：①处理好各个国家主权、民主与经济全球化关系；②维护以联合国为核心的国际体系；③维护联合国在国际事务中的核心作用；④改革联合国政治体制（弱化成员国家主权），建立国际强有力的透明高效管理和监督新体系；⑤需要有颠覆性的区块链技术（透明的、去中心化的互联网新技术）支撑（成熟使用）等。使联合国面貌焕然一新，世界各国在联合国平台上，通过对话、协商，达成共识，从而实现人类从工业文明时代向未来全球文明时代的转型，最终实现人类全球文明。

当代经济全球化给世界各国带来了前所未有的繁荣昌盛，人类社会总体的“四流”（信息流、货币流、物流、人流）以惊人的速度在全球流动，人类生活方式（包括衣、食、住、行等）发生了根本变化。同时，科学技术的发展也日新月异。人类期待着早日进入更高的全球文明时代，追求更幸福的生活和世界和平，并可持续发展。

当代人类社会发展并不平衡，多元文明的各个国家在工业文明时代，根据本国实际情况和上述思想，搞好国家治理，使国家快速进步，跟上时代发展步伐。中国通过实施“两个一百年”目标，将成为全球最大经济体，为全球树立国家发展和治理的榜样［可见第 10 章“一、国家治理（中国方案）”］。同时，联合国通过实施《变革我们的世界：2030 年可持续发展议程》，不断提高全球领导力和治理能力（可见第 10 章“二、联合国治理”）。

当代人类社会要从工业文明时代平稳地过渡到全球文明时代，首先，全球大多数国家，特别是美国和中国，必须在人类社会共同核心价值观、人类命运共同体及在联合国框架（平台）下达成共识才能实现。其次，通过对话、协商、民主决定等，确定基本框架和各个阶段的目标，并能务实合作实施（践行），才能推进。

四、未来全球文明时代

未来全球文明时代是人类追求幸福和可持续发展的梦想!

联合国成为全人类最具权威性、最具影响力和最具代表性的国际组织[23]。联合国自成立75周年以来在维护世界和平、促进经济发展、人道主义救援和全球性问题的解决方面发挥了不可替代的重要作用。联合国在2000—2015年有效实施了《联合国千年发展目标》，并且在2015—2030年正在实施《变革我们的世界：2030年可持续发展议程》。因此，联合国在全球治理中，不仅获得了成功的经验，而且已经成为全球各个国家全面合作的国际平台，最终可以发展成为全人类联合国政府（人类行为主体）。

未来人类社会，如何使联合国既成为合作平台，又成为行为主体？这是联合国在全球治理中的关键。在安全领域，联合国已经充分发挥了合作平台和行为主体的作用；在环境领域很好地发挥了合作平台的作用；在人道主义救援领域发挥了重要的行为主体的作用；在经济治理领域可以发挥合作平台作用，但还未充分体现。联合国虽然有其不可比拟的优势，但是联合国可直接支配的资源有限，其行为能力与主权国家比较起来也相对有限，所以不可能在每个领域都能发挥关键作用。因此，未来人类社会要么发展到一定阶段，需要联合国进行全面改革（特别政治体制改革）；要么人类将受到宇宙灾难所迫（如行星碰撞地球等），而成立联合国政府，支配人类全部资源，统一人类行为，以满足人类社会发展，或抵抗外来灾难。这两种可能性都有，未来全球文明就是在联合国发展的基础上，设计和构想的未来人类社会。

未来全球文明时代，如果按人类社会文明时代的定义可以设想：在21世纪末，全球文明时代以区块链为技术标志，制造出减少劳动力的区块链网络。也就是人类社会各个国家分先后和阶段进入透明世界、无中心化世界（全球文明时代）。

进入全球文明时代的人类社会具有的特征是：国界只是一个地理标志，地球间距离被时间缩短了（信息流、货币流、物流、人流以秒和时的速度在全球流动），个体人的公民身份不再受出生地的影响（一出生就有终身的公民身份号码等）。国家政府被联合国政府形式所替代，国家主权（权力）在联合国共同管理决策时行使（决议投票权等）和共同监管体系及国家区域管理体制中体现，国际技术性事务由各种国际性的非政府组织处理等。同时，个体人充分享受自由和发挥创造力，在有秩序的社会里也充分享受平等，并注重诚的修养（道德伦理等），敬畏自然、尊重生命、可持续发展等。

人类追求的共同理想目标，正如《联合国千年宣言》（联合国大会第 55/2 号决议 2000 年 9 月通过）中指出：创建一个更和平、更繁荣和更公正的世界，人人都能生活得更好、更安全。这个目标可以继续作为未来全球文明时代的全人类共同理想目标。

中国在国内倡导核心价值观和在国际构建人类命运共同体的同时，高瞻远瞩地提出区块链技术发展战略。中国已经在第五代移动通信技术（5G 技术）、货币技术、区块链技术等方面处于全球领先地位。这些核心技术为未来中国社会发展提供技术支撑，并助力实现中国梦。中国很可能首先从人类工业文明时代进入未来全球文明时代。那时，中国采用区块链网络管理整个国家，并体现高效、透明、有序及平等、诚。使社会总体的信息流、货币流、物流、人流在全球范围内自由流动。中国将会继续促进联合国平台（框架）发挥全球领导作用，带领全人类进入未来全球文明时代（可见第 10 章“三、未来人类世界”）。

人类社会全球文明时代的核心思想如下。

1. 树立人类社会共同核心价值观和社会秩序法则

人类共同核心价值观——自由、平等、秩序、诚，已经成为共识，特别是精英阶层已经根深蒂固，是大多数人的行为准则。

首先，人类社会科学技术水平飞速进步。个体人的绝对自由更加解放，创造力更加充分。个体人的相对自由更加便利、更加快捷、更加高效等。其次，也出现了一些新的问题，如采用区块链技术后，人类社会被透明化了、无中心化了。当个体人在社会中成为透明人时，如何保护个人的自由权（包括隐私权等）？在无中心下，联合国如何维持全球经济（包括数字货币、网络安全等）有秩序而高效地运行？国家又如何在联合国和区域（国界内）有秩序地行使国家主权和进行地方治安？这些问题必须与时俱进地找到解决方案和解决办法。

人类社会秩序法则（民主协商、道德维护、科学管理等），也已成为共识，并有效地维护着人类社会秩序。

首先，人类社会秩序井然，公民和谐而幸福，并可持续发展。其次，也出现了一些新的问题，例如，人类社会的透明化，使个体人的诚（道德伦理等），除了通过教育和自身修养外，还受到区块链、人工智能等全天候的技术监督（科学管理）。虽然有利于个体人的道德等提高与约束，但是，个体人的财产、行踪暴露于天下，安全又如何保证？这些问题也必须与时俱进地找到解决方案和解决办法。

2. 建立联合国共同管理体系

人类社会的政治制度可以按照其决策形式和权力使用的情况，划分为诸种形态。“国家是人类社会目前发展最完备的、正式的政治组织形式，人们通常把它作为衡量文明产生的重要标准……国家的三要素——领土、人民、主权。”[24]

在人类社会进入全球文明时代初期，联合国通过改革（如修改《联合国宪章》等）已成为类联合国政府，以各成员国主权授权（国家主权弱化）的国际组织，遵守《联合国宪章》（包括国际法院规约等），是全球治理的行为主体和合作平台。

各成员国家的领土只是地理标志，人民已是全球公民，主权只在联合国大会决议的表决权（决策）上发挥作用。而在领土上不能行使主权，只能行使区域治理权力。没有军队，只有警察等。

全球文明时代初期，由于区块链被成熟使用，人类社会已进入透明世界、无中心化世界等。

联合国共同管理体系以区块链技术支撑，无中心化，透明高效。重点在于决策过程（如数字货币发行、货币政策、财税政策等的确定），一旦决策执行，都在联合国全球网络总平台上运行，其中区块链数据权限，按等级授权管理。

联合国在全球安全领域，不仅为各成员国，特别是为安理会成员国提供了商讨安全问题的合作平台，而且是落实安理会决议的重要行为主体，并有丰富的历史处理经验。联合国拥有地球上唯一的军队，保证各国安全。同时，也可保证未来星际时代的地球公民安全和星际文明安全。

联合国除了在政治治理领域外，还在经济治理领域、环境治理领域、人道主义治理领域、文化治理领域、人口与健康治理领域、教育与科技治理领域、军事治理领域等，也发挥着重要作用。因此，联合国是国际共同管理体系中的最高网络平台（核心）。

联合国公务员：由各成员国选派和向全球公民考选，采用任期制和聘用制，并进行终身教育和考评等。

联合国决策机制中，宪章、法律、公约等由全体成员国组成的联合国大会（最高权力机构）表决通过；安全问题由安理会成员国表决通过，常任理事国具有否决权；其他问题（如经济、文化、环境等）由各个理事会表决通过等。

3. 建立联合国共同监管体系

联合国共同监管体系都在联合国全球网络总平台上进行监管，通过区块链数据权限分级，按授权等级，实施共同监督管理。

由于区块链技术只能发布数据和看数据，不能更改数据，即无中心化（只有节点间发送，没有控制中心和不能更改数据等）、透明高效（节点间网络同时发送，可在受权限内或全球人都可同时看到数据等）。所以，能够在联合国全球网络总平台上实现共同监督管理。

人类社会总体的信息流、货币流、物流、人流（“四流”）以惊人的速度在全球流动，而数据在联合国全球网络总平台上实时反映和储存，不同等级监管人员也可实时进行监管，有些数据受到全球公民监管。

信息流：以数据流动的大自然信息（如宇宙、太阳系、地球等星际运动信息；地球万物自然变化信息；人类活动信息等）；以人类社会总体信息（如个人、家庭、企业、国家、联合国等活动信息，货币交易信息，货物运输信息，人迁移流动信息）等。

货币流：以实物的货币、票据等流动。随着数字货币出现而消失，只有数字信息流。

物流：以实物的流动（路、海、空物流等）。

人流：以个体人的全球流动（迁移等）。

联合国共同监管体系具有无中心化、透明、高速、高效等特性，不仅使人类社会总体的“四流”在全球高速流动。而且从联合国主席、秘书长、各国家元首等高级官员到普通公务员在决策及监管过程行动中，必然保持慎重、廉洁、秉公、努力的工作。也就是在区块链技术支撑下（阳光下、透明工作，成为透明人），使透明人的诚（道德伦理等）变得更加自觉和更加自律。

在联合国共同监管体系中对于国际性技术事务可交给国际性专门组织和非政府组织承担监管，如国际标准化组织、会计事务所等。

4. 建立国家区域管理体制

在人类社会全球文明时代初期，国家领土已经变成了管辖地理区域，国民已经成为全球公民，国家主权只在联合国大会等决议的表决上行使，在区域管理上行使治理权力（如调动警察治安等）。

国家区域管理体制设立政府机构，选举国家首脑等高级官员和考聘普通公务员，行使联合国区域税务征稽工作（按比例提取税额和第一次财富分配权力，调动区域积极性，而联合国行使第二次财富分配权力，保证各国区域财富分配公正、公平等），保障区域治安等。

国家还参与联合国共同管理和联合国共同监管。在联合国全球网络总平台上处理国际事务和区域事务。

国家区域管理不仅要对区域内“四流”进行监管和协调，而且还负责区域内政治、经济、文化等领域的稳定发展。

综上所述，未来全球文明时代人类社会已经进入了高度文明社会，人类也实现了幸福和可持续发展的梦想。地球上人类高度统一（联合国成为地球上人类唯一的社会管理机构，即政府）、社会和谐有序、人人平等、诚（道德伦理等）成为人类追求的最高美德。

但是，自然进化人类由于从工业文明时代21世纪后期，大力发展人工智能技术，经过一个世纪的努力，制造类人机器人技术已经很成熟。类人机器人的智能也比自然进化人类高（外表美丽可换、头脑聪明、诚实能干等），寿命无限（指类人机器人的本体），能源充足，全天候为自然进化人类服务。同时，制造类人进化人（人为制造的类人进化人，如人机接口人等）技术也逐步成熟，类人进化人比自然进化人聪明、健康、长寿等。

如果进入全球文明时代，自然进化人类掌握了人大脑全信息数据输出到类人进化人大脑和类人机器人“大脑”中的技术，那么自然进化人的思想就可以转换成类人进化人（可称“完美人”）和类人机器人（可称“超人”）的思想。也就是人类（广义人类）社会可分为自然进化人、类人机器人、类人进化人。

因此，完美人、超人与自然进化人具有共同的核心价值观，应该会有和平相处的美好愿景。但是，人类思想上有追求绝对的自由意识，一旦处于优势的完美人和超人可能会威胁到自然进化人的生存。另外，自然进化人在社会里，处处不如完美人和超人（外表、智慧、体力、寿命等），有可能感到自卑，甚至消极对待人生等。对此，自然进化人在设计、制造、学习（智能学习提高）等环节中，对类人机器人和类人进化人有定律、标准等限制。同时，它们与自然进化人又有共同的核心价值观，共享网络信息等，对此，自然进化人必须十分关注它们的智能提高、道德控制及人文关怀等。

所以，现代人类社会要慎重发展类人机器人和类人进化人技术，必须考虑好如何制造超人和完美人，并控制在为自然进化人服务的范围以内（保持自然进化人的主导地位），确保自然进化人类的和平与幸福，以及可持续发展（可见第9章“三、未来社会共存”）。

5. 构想未来星际文明时代

未来星际文明时代是广义人类（自然进化人、完美人、超人的总称）追求和谐幸福和星际安全（宇宙生存空间）的梦想！

人类社会，进入全球文明时代后，下一个未来文明时代可能是星际文明时代。那时，人类社会文明程度很高，可以控制人类社会发展，即与自然界保持平衡和生态环境保持和谐的发展。但是，受到宇宙规律限制及宇宙灾难冲击和破坏（如地球发生大规模地震和火山爆发、外行星碰撞地球、太阳生命终结等），所以，人类社会必须有星际旅行和迁移的能力，从而进入未来星际文明时代的发展，以获得人类的和谐幸福和星际安全。这是在全球文明时代发展基础上，而构想的未来人类社会。

未来星际文明时代，如果按人类社会文明时代的定义可以预测：星际文明初期在25世纪末，以类脑数据转换（人大脑全信息数据可以输出输入）为技术标志，制造出类人进化人（完美人）和类人机器人（超人）。也就是广义人类社会可分为自然进化人、类人机器人、类人进化人。那时的完美人和超人与自然进化人的思维、智慧能力相当，甚至更高。它们与自然进化人一样，可以做许多相同的事情，共同推进未来星际文明时代发展。

再如果按人类社会文明时代的定义可以预测：星际文明中期在29世纪末，以超光速星际飞船为技术标志，制造出解决人类在宇宙中飞行的超光速星际飞船（或者人类制造出当时最快速度的星际飞船）。那时人类可以在地球上生活，也可以在宇宙间旅行生活或在其他星球上生活。既可以星际旅行，又可以避免重大自然灾害造成的人类灭亡（或重大灾难）。

由于人类（自然进化人与完美人、超人）具有共同的核心价值观，所以他们将会有和平相处的美好愿景，并且能共同建设美好的地球家园，同时抗击重大自然灾害等，使人类过上幸福而安全的生活。

那时，超人（寿命最长）首先可以在星际长期旅行，其次完美人（进行类脑数据转换，实现寿命不断延长）在星际旅行；最后自然进化人（在星际旅行中不断自然进化，一代又一代传递生活，实现生命延续）在星际旅行。

如果地球上发生了重大自然灾害（如行星碰撞、大地震、火山爆发等），人类可以乘超光速星际飞船先飞离地球，待地球生态恢复后再回到地球。

如果太阳系发生了更重大灾难（如太阳生命终结等），人类可以乘超光速星际飞船飞离地球太阳系，寻找新的恒星系生存。

最终，宇宙生命结束，人类生存也终结。

正如，1000 年前中国北宋思想家周敦颐所预言："无极而太极"。新的宇宙将诞生！但不知道那时大自然是否还可以进化出"人类"。

综上所述，未来全球文明时代的核心思想对设计人类社会架构和践行有一定的指导意义。但是，在践行中，《变革我们的世界：2030 年可持续发展议程》到 2030 年成果如何？是否提高了联合国全球领导力和治理能力？在联合国框架（平台）下是否达成更广泛的共识，通过对话、协商、民主决定等能否实现各个阶段的目标，能否持续进行联合国全面改革？同时，中国"两个一百年"目标到 2050 年成果如何？中国是否成为全球最大经济体，在建构"人类命运共同体"中是否得到更广泛国家的认可？区块链网络技术在国家管理应用中，是否体现出高效、透明、有序及平等、诚等，是否为全球国家发展和治理树立了榜样？这些践行经验将为人类推动全球文明时代注入动力，并且全人类将共同确定下一个阶段目标和践行措施，使部分先进国家有望在 2100 年前首先进入人类全球文明时代，并逐步实现全人类进入全球文明时代。

当然，也有可能联合国全面改革受到严重阻碍。部分国家，特别是美国，短期内还很难就人类共同核心价值观、人类命运共同体、联合国框架（平台）下全面合作（“联合国政府”）达成共识。那么，全人类进入全球文明时代将会变成长期而遥远的梦想，甚至会被“超级全球化”（政治全球化+经济全球化）引入歧途等。

人类社会从工业文明时代进入全球文明时代，那时人类文明程度大大提高，国家治理和全球治理获得显著成效。从而，人类社会再从全球文明时代发展到未来星际文明时代。就这样，人类社会一代又一代地传承下去，并不断追求幸福和可持续发展。

践行篇

献给先辈践行家周恩来（1898 年 3 月 5 日—1976 年 1 月 8 日）。“人民的公仆”“世界上最聪明的人是最老实的人”。

当代人类社会，正处在工业文明时代后期，并走向未来全球文明时代。当代社会是由多元文明国家组成的国际社会，在这个社会里，人类共同核心价值观是自由、平等、秩序、诚。它可以成为人类思维和行为的准则，也可以成为人类多元文明对话和共识的基础。

当代人类社会，要注重人类共同秩序和人与自然的平衡、人与自我的修养、人与社会的和谐，提高人类整体素质，并进行全球治理。

当代人类社会，治理可分为国家治理（如中国治理等）、区域国家集团治理（如欧盟等）、全球治理（如联合国）。这些治理推动着人类社会从工业文明时代向未来全球文明时代快速发展。

当代人类社会，要建立新的思想体系（理论），以史为鉴求践行，即以历史案例考证或解释理论。要树立思想家的典范和践行家的楷模，以榜样人物的力量推动人类的思想进步，同时也推动社会践行而有效治理。

当代人类社会，要面向未来全球文明时代的各种挑战，要与时俱进，慎重发展可能威胁人类生存的核心技术，如类人机器人制造技术、类人进化人制造技术等。要保证自然进化人的主导地位，使自然进化人、类人机器人、类人进化人和谐相处及和平共存。

第 6 章　人类共同秩序

一、人的社会秩序

1. 人人共同秩序

在人类社会里，人人自由与秩序碰撞的事情经常发生。作为个体人既要追求思想上的绝对自由，保持人的创造力等，又要谨慎行为上的相对自由，保证人的遵纪守法和道德修养等。

（1）案例简介：一起电子警察执行交通规则的罚单处理事件。

该事件发生于 2018 年 10 月 17 日中国上海市普陀区交通路。一位女士自驾小车（中国司机行车方向盘在左侧）送儿子去上学，城市中心公路有 3 道，她在左二道正常行驶。左三道是公交车专用道，有一辆公交车也在正常行驶，后面跟了一辆电动车。当时这辆公交车快到停车站时，慢行靠左三道路边停车，让乘客上下车。此时，骑电动车的男士没有减速停车，也没有等公交车开走后再行驶电动车，而是违反交通规则急速进入左二道。此时后面女士驾驶的小车急忙向左一道方向躲避，但左侧前轮已压白实线，被上方电子警察拍照记录违反交通规则。

几天后，该女士到上海市公安局静安分局交通警察支队处理违反交通规则事故，她向警官辩解说："如果当时不采取避让措施，很可能撞伤那位驾驶电动车的男士。"而警官回答："你当时避让是正确的，但是你已经前车轮压白实线，违反了交通规则，电子警察拍照记录执法也是有确凿证据的（正确的），对你来讲，选择结果是承担责任，损失最小。”该女士问警官：“如果申诉，成功率高吗?”警官回答：“几乎不可能成功，因为是电子警察（视觉智能机器人），它‘铁面无私’，公正执法。”

最后，该女士接收了公安交通管理简易程序处罚决定书，违反禁止标线指示的违法行为，罚款200元，并扣2分。

（2）评述：这个事件中，当事人是女士小车司机（简称“女士人”）、男士电动车驾驶员（简称“男士人”）、电子警察（视觉智能机器人）。

男士人，伸张自己行为的绝对自由权利，违反交通法则（违法，破坏了交通秩序），突然变道，结果他剥夺了女士人正常行驶的自由权利，同时，可能会被女士人小车撞伤（男士人行为绝对自由的权利被女士人的自由权利剥夺），并将付出惨重代价（人身伤害）和经济损失（自己电动车损坏、小车碰撞损坏、创伤医院治疗等费用）。

女士人，由于男士人绝对自由权利（违法，破坏了交通秩序）剥夺了她的自由权利（正常行驶）。女士人可以采取两种措施：①正常行驶（守法，维护了交通秩序），可能会撞伤男士人（他为他的绝对自由权利行为而承担惨重代价），并且，男士人还要承担全部法律责任；②避让，转向另一道而违法（受诚的修养，道德压倒了法律），但要承担全部法律责任（女士人的自由权利被剥夺）。最后，女士人采取了避让措施。

电子警察，没有道德，只有法律。根据拍照压实白线（传感器反馈信息），判女士人违反交通规则（违法），承担违法责任（扣分、罚款）。

通过上述事件，交通法则和交道秩序，在人类社会中是普遍行为准则（人在社会中，只有相对自由，要遵守法律等）。“人人为我，我为人人”也是做人的基本原则（人的诚、道德、伦理优先等）。那位男士人不应该为了自己的自由，而剥夺那位女士的自由，他破坏了交通秩序，违反了交通法规。

2. 人与国家秩序

在人类社会里，人与国家秩序，诚与秩序相关的事情经常发生。作为个体人为了追求自由、平等，以诚（理想、修养等）和孔颜之乐（境界、精神）树立人生的奋斗目标。有时，为了个人、社会、国家的进步，可以牺牲自己生命，以求得国家秩序的改变。

但是，作为国家政府要倡导人人面前平等，维护国家秩序稳定，既要公平、公正，又要与时俱进。

（1）案例简介[25]：南非曼德拉废除南非种族歧视政策和平者。

纳尔逊·罗利赫拉赫拉·曼德拉（Nelson Rolihlahla Mandela，1918年7月18日至2013年12月5日），出生于南非特兰斯凯，先后获南非大学文学士和威特沃特斯兰德大学律师资格。1994—1999年任南非总统。

在任职总统前，曼德拉积极反对种族隔离，是非洲国民大会武装组织民族之矛的领袖。当他领导反种族隔离运动时，南非法院以密谋推翻政府等罪名将他定罪，依据判决，使曼德拉在牢中服刑28年。1990年出狱后，转而支持调解与协商，并在推动多元族群民主的过渡期挺身领导南非。自种族隔离制度终结以来，曼德拉受到来自各界的赞许，包括从前的反对者。1993年10月，诺贝尔和平委员会授予他诺贝尔和平奖，以表彰他为废除南非种族歧视政策所做出的贡献。2000年8月，南部非洲发展共同体授予他“卡马”勋章，以表彰他在领导南非人民争取自由的长期斗争中，在实现新旧南非的和平过渡阶段，以及担任南共体主席期间做出的杰出贡献。

纳尔逊·罗利赫拉赫拉·曼德拉是家族中唯一上过学的成员，小学启蒙教师给他取名纳尔逊。当曼德拉9岁的时候，他父亲死于肺结核。部落中的摄政王成为他的监护人，曼德拉于是就到离父亲王宫不远的韦斯里安教会学校上课。按照腾布的习惯，他从16岁开始受业。曼德拉用了2年完成了惯常需要3年完成的初中学业。因为父亲的地位，他被指定为王朝的继任者。

曼德拉在福特哈尔大学上学时，遇到了一生的好朋友、好同事——奥利弗·坦波。在曼德拉大学生涯的第一年，他卷入了学生会抵制学校不合理政策的活动。他被勒令退学，并被告知除非接受学生会的选举结果，不然不能再回到学校。离开福特哈尔不久，曼德拉就被安排和腾布家族的继承人一起结婚。但他选择逃避，离开了家乡来到了约翰内斯堡。刚到约翰内斯堡，他就在煤矿坑找到了一份保安的工作。不过，当矿场老板发现曼德拉是逃亡的贵族后就迅速解雇了他。曼德拉随后在约翰内斯堡的一家律师事务所找到了文书工作，在此期间于南非大学通过函授修完了他的学士学位，此后，他开始在约翰内斯堡金山大学学习法律。曼德拉在金山大学读书期间住在位于约翰内斯堡北部的亚力克山德拉镇，并遇到了他此后反种族隔离时的同事——乔斯洛沃、哈里斯沃兹及鲁斯福斯特。

1944 年，参加主张非暴力斗争的南非非洲人国民大会（简称“非国大”）。

1948 年，由布尔人当政的南非国民党取得了大选的胜利，由于这个党派支持种族隔离政策，曼德拉开始积极地投身政治，他在 1952 年的非国大反抗运动和 1955 年的人民议会中起到了领导作用，这些运动的基础就是自由宪章。与此同时，曼德拉和他的律师所同事奥利弗·坦波开设了曼德拉—坦波律师事务所，为请不起辩护律师的黑人提供免费或者低价的法律咨询服务，并先后任非国大执委、德兰士瓦省主席、全国副主席。

1952 年年底，他成功地组织并领导了“蔑视不公正法令运动”，赢得了全体黑人的尊敬。为此，南非当局曾两次发出不准他参加公众集会的禁令。

1958 年 9 月 2 日，亨德里克·弗伦施·维沃尔德出任南非首相，在执政期间出台了“班图斯坦法”，此举将 1000 余万非洲黑人仅仅限制在 12.5% 的南非国土中，并且同时在国内实行强化通行证制度，此举激化了南非黑人与白人的冲突，最终导致了沙佩韦尔惨案的发生。

1960 年 3 月 21 日，南非军警在沙佩维尔向正在进行示威游行的

5000 名抗议示威者射击，惨案共导致 69 人死亡、180 人受伤，曼德拉也因此被捕入狱，但是最后通过在法庭辩论上为自己的辩护，而无罪释放。

1961 年，他领导罢工运动，抗议和抵制白人种族主义者成立的“南非共和国”；此后转入地下武装斗争。曼德拉创建了非国大军事组织“民族之矛”并任总司令。他曾秘密赴国外访问，并出席在亚的斯亚贝巴召开的反非自由运动大会，呼吁对南非实行经济制裁。

1962 年 8 月，在美国中情局的帮助之下，曼德拉被南非种族隔离政权逮捕入狱，当时政府以“煽动”罪和“非法越境”罪判处曼德拉 5 年监禁，自此，曼德拉开始了他长达 28 年的“监狱生涯”。

1964 年 6 月，南非政府以“企图以暴力推翻政府”罪判处正在服刑的曼德拉终身监禁，当年他被转移到罗本岛上。罗本岛是 20 世纪 60 年代中期到 1991 年那段时间内南非最大的秘密监狱，岛上曾关押过大批黑人政治犯。曼德拉在罗本岛的狱室只有 4.5 平方米，在这里他受到了非人的待遇。罗本岛上的囚犯被狱卒们逼迫到岛上的采石场做苦工。

1982 年，曼德拉离开了罗本岛，他被转移到波尔斯摩尔监狱。自此，曼德拉结束了自己在罗本岛长达 18 年的囚禁。

南非在实行种族隔离后期那段时间内，受到了国际社会的严厉制裁，这一切最终导致南非于 1990 年解除隔离，实现民族和解。

1990 年 2 月 10 日，南非总统德克勒克宣布无条件释放曼德拉。

1990 年 2 月 11 日，在监狱中度过了 28 年的曼德拉终于重获自由。出狱当日，他前往了索韦托足球场，向 12 万人发表了他著名的“出狱演说”。

1990 年 3 月，他被非国大全国执委任命为副主席、代理主席职务。

1994 年 4 月，非国大在南非首次不分种族的大选中获胜。5 月 9 日,在南非首次的多种族大选结果揭晓后，曼德拉成为南非历史上首位黑人总统。

1997 年 12 月，曼德拉辞去非国大主席一职，并表示不再参加 1999 年 6 月的总统竞选。

1999 年 3 月 12 日，被欧洲著名学府莱顿大学授予荣誉博士学位。5 月，曼德拉总统应邀访华，他是首位访华的南非国家元首。6 月正式去职。

2013 年 6 月 8 日，曼德拉因肺部感染复发被送往比勒陀利亚医院治疗。

2013 年 12 月 6 日（南非时间 5 日），曼德拉在约翰内斯堡住所去世，享年 95 岁。南非为曼德拉举行国葬，全国降半旗。

为了推翻南非白人种族主义统治，曼德拉进行了长达 50 年（1944—1994 年）艰苦卓绝的斗争，铁窗面壁 28 年（1962—1990 年）。最终，从阶下囚一跃成为南非第一任黑人总统，为新南非开创了一个民主统一的局面。南非终身名誉总统。因脸上常带有笑容，被南非人民称为“微笑大使”。

曼德拉是 20 世纪 90 年代非洲乃至世界政坛上一颗最耀眼的和平主义者。他领导的非国大在结束南非种族主义的斗争中发挥了极其重要的作用。1994 年 4 月新南非诞生，标志着非洲大陆反帝、反殖、反对种族隔离的政治解放任务胜利完成。最终当选为南非历史上第一位黑人总统，享有崇高的声誉，被誉为“全球总统”。

即使在狱中，曼德拉也多次成为全球焦点，他的号召力和影响力遍及全世界，全球 53 个国家的 2000 名市长为曼德拉的获释而签名请愿；英国 78 名议员发表联合声明，50 多个城市市长在伦敦盛装游行，要求英国首相向南非施加压力，恢复曼德拉自由。

曼德拉是一个标志，他代表了历经千辛万苦、南非人民用生命作为代价所换来的政治转型。对于这个国家而言，他扮演了“国父”的角色。

曼德拉让贤举贤的高风亮节，更博得人们广泛赞誉。曼德拉经历铁窗生涯 28 年，就在他出任总统仅两年时间，正处于政治生涯的巅峰之刻，即毅然决然于 1996 年 12 月非国大全国代表大会上辞去非国大主席职务，举荐姆贝基担任，为其接任总统做准备。这一举动震惊国内外。此后，曼德拉一直以谦谦长者之风度宣传姆贝基，说“他比我这老头强”。

（2）评述：这个事件中，当事人是曼德拉（领袖人物，即民众代表、组织代表）、南非国家政府。

曼德拉，先参加主张非暴力斗争的非国大组织。在自由宪章范围内开展运动，以非国大执委、德兰士瓦省主席、全国副主席，成功地组织并领导了“蔑视不公正法令运动”，赢得了全体黑人的尊敬。1958 年 9 月 2 日，亨德里克·弗伦施·维沃尔德出任南非首相，在执政期间出台了“班图斯坦法”，将 1000 余万非洲黑人仅仅限制在 12.5% 的南非国土中，并且同时在国内实行强化通行证制度，此举激化了南非黑人与白人的冲突，最终导致了沙佩韦尔惨案的发生。曼德拉也因此被捕入狱，但是最后通过在法庭辩论上为自己的辩护，而无罪释放。

曼德拉，后转入地下武装斗争，创建了非国大军事组织“民族之矛”并任总司令。他曾秘密赴国外访问，并出席在亚的斯亚贝巴召开的反非自由运动大会，呼吁对南非实行经济制裁。

曼德拉，为废除南非种族歧视政策与当时南非政府发生冲突，对国家政治秩序（班图斯坦法）提出质疑，为改变国家种族隔离政策而奋斗了一生。

南非国家政府，1962 年 8 月，在美国中情局的帮助之下，曼德拉被南非种族隔离政权逮捕入狱，当时政府以“煽动”罪和“非法越境”罪判处曼德拉 5 年监禁，自此，曼德拉开始了他长达 28 年的“监狱生涯”。1964 年 6 月，南非政府以“企图以暴力推翻政府”罪判处正在服刑的曼德拉终身监禁。

南非国家政府，以维护国家政治秩序给曼德拉定罪，剥夺他的人身自由（人生政治理想追求，诚）。南非国家政府在实行种族隔离后期那段时间，受到了国际社会的严厉制裁，这一切最终导致南非于 1990 年解除隔离，实现民族和解（南非国家政府纠正了错误政策）。

1990 年 2 月 10 日，南非总统德克勒克宣布无条件释放曼德拉。

曼德拉当选总统后，他代表了历经千辛万苦、南非人民用生命作为代价所换来的政治转型，为新南非开创了一个民主统一的局面，建立了新型国家政治秩序。

通过上述事件，人类社会里，在人与国家秩序中，人的诚（政治理想等）与国家政治秩序有着密切的相关性。曼德拉为争取黑人自由与平等、为南非国家政治转型而奋斗了一生。作为国家政府要倡导以人为本，维护国家政治秩序稳定，就必须要公平、公正、与时俱进。只有这样，才能实现人民幸福、国家繁荣、可持续发展。

二、国家的共同秩序

在人类社会里，国家与国家秩序、平等与秩序、诚与秩序相关的事件经常发生。作为国家之间，不能因为国家的意识形态不同、国家的政治体制不同、信仰不同等而对抗、冲突、战争。历史经验证明，这样做不但解决不了国家之间的矛盾，反而会产生人道主义灾难。

当代社会国家与国家之间有着相似的追求目标，执行的国家制度内容也有相似之处。如果人类就共同核心价值观（自由、平等、秩序、诚）达成共识，那么在多元文明社会里就可以求大同（共同核心价值观、共同行为准则、共同社会秩序法则等），存小异（如不同意识形态、不同政治体制、不同信仰、不同民族文化等），共同追求全人类幸福，并维护世界和平。

1. 美中贸易冲突

（1）案例简介[26]：2019 年美中贸易冲突事件。

美国宾夕法尼亚大学沃顿商学院院长杰弗里·加勒特（Geoffrey Garrett）在给高级工商管理硕士（EMBA）企业家授课时讲美中贸易关系。

①美中之间的真实差异。中国认为它是处在天地万物中心的一个国家，是“中央王国”。而美国，按里根总统使用的一个说法，是“闪耀的山巅之城”。从这两个名称里，我们看到两个国家其实都有超越了传统国家国境的远大抱负。但是，两国的历史又是大相径庭的，中国的文明可以追溯到数千年前，而美国的历史则非常近代，所以中国历史非常强调的是文明的延续性，而美国历史是相对来说比较短暂。这导致美国的历史视野往往局限于近代史，比较狭窄。

中国政府很擅长制定长期发展战略，而美国政府非常不一样，政策频繁摇摆，这让我们没有办法聚焦于一件事情。

特朗普当选总统之后，这种不确定因素加大了。此外，美国人民不喜欢政府。美国的立国之本就是波士顿倾茶事件，美国人是不希望被一个强权政府所管理的，这也是在我们《独立宣言》当中得到明确界定的。因此对于美国人来说，政府虽是必要的，但总有其消极的一面。而在中国5000年的历史中，政府是不可或缺的环节，只有有了政府，一切才有可能。这深刻影响了人民对政府的看法。

两国的经济体制也差别非常大。中国是市场经济，但是很大程度也是由政府发挥主导作用的。而在美国人看来，他们自己完全是市场驱动型经济，政府发挥不了太大作用。

长期以来，美国一直都在讨论的“美国梦”，实际上非常类似于现在习近平总书记提出的“中国梦”，这个梦想实际就是关乎于社会所有公民能够改善、享受生活。但是两者对于全球精神的认识确实是不太一样的。这种不同，就导致中美之间出现了很大分歧甚至摩擦。

美国的全球精神认为，美国人所奉行的价值观或者说向世界所倡导的这种价值观，是一种普世的价值观，所以美国有权利也有责任来告诉世界其他国家和地区的人什么是正确的生活方式。但是中国一贯认为，我们不打算告诉你正确的生活方式是什么，但是请你也不要试图主导我们自己的生活方式。也就是说，中国人所奉行的外交政策是允许求同存异的，但美国人就认为世界上所有人都向往美国人的生活，所以美国也认为自己有权利来告诉其他人应该如何按照美国人的方式来生活。美国人的观点就是自己必须是第一，头号强国，他们不能够接受自己被其他国家所超越，自己必须时刻站在第一位，站在世界的顶端。而在这种心态的主导之下，它认为崛起的中国就是对自己的挑战。

②中国的“重新崛起”。要强调的是，我们现在看到的其实并不是中国新兴的崛起，更准确的表述是中国的“重新崛起”。纵观人类历史，中国大部分时间都是处在顶端的，只不过在美国成为世界第一名的百年当中，中国有段时间不是世界上的头号强国。1820 年，在中国领导下的亚洲经济体量占到世界经济体量的三分之二，而在 1950 年，亚洲占世界经济的比重还不到 20%。第二次世界大战后，大部分的美国人认为中国是一个落后的国家，就是因为他们只看到亚洲和中国处于世界经济比较低迷的这段历史。美国人忽略了中国在整个历史长河中所处的地位，是因为那时候美国还不存在。西方人关注的历史往往只是工业革命之后的这段时间，但是这段时间并不能代表人类历史的全部。在人类历史的整体来说，亚洲特别是中国，都在发挥着一个非常重要的主导性作用，推动全球经济的发展。

③中国将超越美国。

④特朗普为什么总拿贸易说事？美中之间的贸易赤字，即便在经济上没有什么意义，但是在政治上是有重要意义的。大概从 2000 年开始，大部分美国人都已经感觉到自己的个人收入没有任何程度的提高。这在中国是很难想象的，但是在美国情况确实如此。美国的人均收入是每年 100 万元人民币左右，这个收入已经是很高了，但在过去 15 年当中，美国中产阶级甚至中上阶层的人的收入是没有逐年增长的。大部分的美国人其实根本没有感受到自己生活水平的提高，而与此同时，美中之间的贸易赤字大幅增加，所以在美国的政治中，他们就认为中国是罪魁祸首。但实际情况是什么呢？那就是美国经济经历了两次重大的经济衰退，第一次是在“9・11 恐怖袭击事件”之后，第二次是在雷曼兄弟破产之后。这两大衰退对美国经济产生了重要的影响。另外还有一个衰退就是，技术进步让很多人从中受损，只有少

数人获益。但是在美国政治当中，往往觉得出了问题肯定是其他国家的问题，一个把矛头指向墨西哥来的非法移民，第二就是来自中国的廉价产品。看看我们进行的民调，美国人是如何看待中国的，我发现最有意思的一点是，美国其实对于中国的军事力量扩张不是特别关心，对南海关系的问题也不是特别关心，他们最关心的是美国有多少国债在中国手里，中国导致了多少失业，中国导致了多大的贸易赤字。大部分美国人都觉得中国是经济威胁，而不是在地缘政治上构成竞争对手。所以将所有因素加在一起就会明白为什么特朗普特别喜欢在说到中国问题的时候拿贸易说事，过去几个月当中一直如此。

⑤美中问题的本质。尽管如此，就算是特朗普也知道中国方面真正的问题并不是贸易，因为这是一个比较落后的想法了。现在的太阳能也罢，大豆也罢，高粱也罢，对此征收关税并不是那么重要，因为这都是陈芝麻烂谷子的事了，真正关心的应该是创新。如果大家关注决定美国关税水平的报告的话，就会注意到美国最关心的就是来自中国的国内创新。特朗普也知道这一点。2019 年 4 月 4 日，特朗普发了一条推特，说我们现在没有和中国打贸易战，这个贸易战我们在多年之前就已经输给中国了。这话没错，特朗普想说的是和中国之间的贸易问题实际是 15 年前的问题了，这段时间也确实是中国获益了。但是他现在认为更重要的一个问题是知识产权——他指责中国盗窃了美国的知识产权，导致了美国大概 3000 亿美元的损失。所以在我看来，美中之间问题的本质是特朗普政府认为中国的创新其实是不公平的。但现在我要问的问题是，你觉得什么叫作不公平？什么叫作公平？美国说中国的创新是不公平的，是因为政府参与创新的过程当中了。为什么美国觉得这不公平？因为美国政府不支持创新，不会给创新进行投入，这不是市场经济。但显然他的这个观点是不对的。为什么呢？纵观人类历史，每一个国家在发展过程当中都会使用到政府资源进行对创新的投入，只有这样才能够真正推动增长。更重要的一点就是，美国在这边有一点双重标准，其中一个突出的例子就是互联网。互联网最初是美国出于国防目的由当时美国国防部所支持而进行的项目，

这不就是政府主导的项目吗？当时美国政府也是支持这种创新结果的。

美国在谈到中国创新的时候，第一，认为中国创新不公平，因为中国的政府参与创新过程；第二，认为中国所有的创新都可以通过军事化，从军事的角度影响美国国防。但我的看法是，似乎这可以放到任何一个国家身上，今天世界上任何一个国家都会在研发和创新方面投入资金，并且今天基本上所有的技术都既可以用在军方，又可以用在民用领域。所以如果美国保持这样一个立场的话，我们是找不到一个解决办法的。但是我期望能够看到在美中关系之间的这种紧张情绪得到更好的控制，因为在美国也有非常多经受过良好教育的人士能够理解这些背后真相，但是特朗普在做的就是不断地煽风点火。他这样做到底有什么样的初衷呢？也许他的个性就是这样的，而且在这种大选政治当中，他的方式非常吸引人们的注意，当人们关注他创造的这些谣言的时候，很多选民就忘了真正重要的问题。但是我相信美国有很多非常成熟的人士，他们能够意识到特朗普的做法对美国的国家利益其实是不利的。其实，在过去40年里我们都看过有这样的弄潮儿，但是最后都被良好地控制了。可以预见的是，中美关系在未来相当长的一段时间当中会有越来越多的交流，经济上也能实现双赢。这些是非常重要的，而且也是会最终获胜的。这就是为什么今天我要在这里跟大家开诚布公地讲一讲两国之间究竟发生了什么，在有分歧的时候究竟可以做些什么。

⑥全球舞台上，美中不同的战略选择。在全球舞台上两国不同的战略选择会带来什么样的结果？我们提到美中两国有很大不同。简单总结就是，美国还是在玩地缘政治的把戏，还是在高度关注军事力量，在跟这群老朋友之间开派对。但是与此同时，中国打的是地缘经济的牌，也开始交新朋友。提到地缘经济，不得不提的就是中国的“一带一路”倡议，目前绝大多数的美国老百姓对此一无所知，他们也不在乎，所以这也没什么大不了的。我觉得他们不在乎是错误的，因为“一带一路”倡议本身很有可能就像中国国家领导人所说的，将

是这个世纪一个重大的工程，对整个世界有很大的重要性。但是美国还是秉承自己过去对待亚洲的态度，还是秉承过去 20 世纪地缘政治的老把戏，而中国现在开始从地缘经济的角度求变。

⑦总结。第一点，美中之间的紧张情况，其实不是关于贸易的，而是关于创新的。美国的观点就是，中国的创新尽管在经济效益上还可以，但是不公平。我的观点是，美国的这种批评是不公平的。第二点，美中关系中，美国和中国的形势完全不一样。美国依然按照传统的地缘政治做法，在自己盟友当中进行大量的军事力量投资。而中国则采取地缘经济的做法，通过构建共赢场景来结识新的合作伙伴。

（2）评述：这个事件中，当事国是美国和中国。

美国，“美国梦”实际就是关乎于社会所有的公民能够改善、享受生活。美国的全球精神认为，美国人所奉行的价值观或者说向世界所倡导的这种价值观，是一种普世的价值观，所以美国有权利也有责任来告诉世界其他国家和地区的人什么是正确的生活方式。美国人的观点就是自己必须是第一，头号强国，他们不能够接受自己被其他国家所超越，自己必须时刻站在第一位，站在世界的顶端。而在这种心态的主导之下，它认为崛起的中国就是对自己的挑战。

中国，“中国梦”实际上非常类似于“美国梦”。中国一贯认为，我们不打算告诉你正确的生活方式是什么，但是请你也不要试图主导我们自己的生活方式。也就是说，中国人所奉行的外交政策是允许求同存异的。中国国务委员兼外交部部长王毅在第 56 届慕尼黑安全会议上讲[27]：“中国也有发展的权利，中国人民也有过上更美好生活的权利。中国走向现代化，是历史必然趋势，代表了人类进步的方向，是任何势力都不可能阻挡的。”他还说“美国有些人并不希望看到中国的快速发展振兴，尤其不愿意接受一个社会主义大国在这个世界上取得成功，但这是不公平的”。

美国与中国，虽然国家意识形态不同，但是各自的国家梦非常相似（国家追求的目标一致）。虽然各自的价值观的内容有所不同，但是应该有人类共同的核心价值观：自由、平等、秩序、诚。应该相互尊重，求同存异。正如王毅所说："双方应该坐下，通过认真对话，找到社会制度不同的两个大国在这个星球上和平共处、进而合作共赢的互动模式，中国已经准备好了，希望美方能够相向而行。""中国愿意同美国在平等和相互尊重基础上，推动以协调、合作、稳定为基调的中美关系。"

通过上述事件，美国挑起 2019 年美中贸易冲突，实际是对中国发展的遏制，对中国是不公平和不平等的，给世界政治秩序造成了不确定性。作为两个联合国常任理事国和核武器大国，在过去 40 多年历史经验告诉我们，遇到各种冲突双方最后都被良好地控制了，并还可以预见未来，美中关系在相当长的一段时间内会有越来越多的交流，经济上也能实现双赢。这些是非常重要的，而且也是会最终获胜的。

2. 美俄退出中导条约

（1）案例简介[28]：美国退出《苏联和美国消除两国中程和中短程导弹条约》事件。

2019 年 8 月 2 日，美国退出《苏联和美国消除两国中程和中短程导弹条约》（以下简称《中导条约》）。

美国与苏联于 1987 年 12 月 8 日签署《中导条约》，是冷战这一特定历史条件下的产物，它是 20 世纪 80 年代美苏缓和时期签订的重要军备控制协定。冷战后期，美苏签订了《中导条约》，该条约要求两国削减射程为 500～5500 公里的陆基巡航导弹和弹道导弹，被誉为"冷战时期最成功的军控协议"。2018 年 10 月 20 日，以俄罗斯 4 年来多次违反条约规定为由，美国拟退出《中导条约》。2019 年 2 月 2 日起，美国暂停履行《中导条约》相关义务，正式启动为期 180 天的退约进程。2019 年 3 月 4 日，普京签署停止履行《中导条约》的法令。俄罗斯联邦（简称俄罗斯、俄国）从该法令签署之日起正式停止履行《中导条约》，直到美国不再违反该条约，或该条约到期终止。2019 年 6 月 18 日，俄罗斯国家杜马通过了关于暂停履行《中导条约》义务的法案。由于美国退出《中导条约》，该条约于 8 月 2 日失效。2019 年 7 月 3 日，俄国总统普京已经签署暂停履行《中导条约》的法案。

2019 年 8 月 2 日，美国国务卿蓬佩奥发表声明，美国正式退出《中导条约》。

《中导条约》共有 17 条，规定双方在条约生效后的 3 年内，须全部销毁所拥有的中程导弹及其发射装置和辅助设施，在条约生效 18 个月内全部销毁中短程导弹及其发射装置和辅助设施。条约生效后任何一方不得再生产和试验中程导弹和中短程导弹。条约还规定为监督条约的遵守，缔约每一方都拥有就地核查的权利，在条约生效后 13 年期间内均可进行核查。条约生效后头 3 年期间每年进行 20 次核查，其后 5 年期间每年进行 15 次核查，在最后 5 年期间每年进行 10 次核查。根据条约，美苏双方将销毁 2611 枚已部署和未部署的中程导弹，其中美国为 859 枚，苏联为 1752 枚。

（2）评述：这个事件中，当事国是美国和俄罗斯。

美国，2018 年 10 月 20 日，美国总统特朗普表示，美国打算退出《中导条约》，并称美国需要发展该条约所限制的武器。俄罗斯则回应称，如果美国退出《中导条约》，俄罗斯将发展“独特类型的武器”。

2019 年 1 月，美国国务院分管军备控制和国际安全的副国务卿安德烈娅·汤普森 16 日在比利时布鲁塞尔告诉媒体记者，美方官员 15 日与俄罗斯外交部官员的会晤“没有开辟新领域”，“令人失望但毫不意外”。汤普森当天早些时候向北大西洋公约组织通报日内瓦会谈结果，确认美国将退出《中导条约》。

2019 年 8 月 2 日，美国国务卿蓬佩奥发表声明，美国正式退出《中导条约》。

俄罗斯，2018 年 11 月 1 日，俄罗斯外交部发言人扎哈罗娃当天在例行记者会上说，美国正在破坏《中导条约》，发动大规模宣传指责俄罗斯，该举动意在使其他方面相信美国宣布将退出《中导条约》是俄罗斯违反条约所致，这种做法与事实不符，美国试图将责任推卸给俄罗斯的行为是不可接受的。俄罗斯呼吁有关各国履行维护全球稳定安全的职责，向美国表明退出《中导条约》的危险性。

2018 年 12 月 20 日，俄罗斯总统普京发出警告，称核战争的威胁正在上升，并表示“美国的核武政策可能导致整个文明，甚至整个地球的毁灭”。美国有意退出 1987 年的《中导条约》，如果美国向欧洲部署中程导弹，俄罗斯将被迫采取对策。

2019 年 1 月 16 日，俄罗斯总统普京表示，俄罗斯对新的军备竞赛“不感兴趣”，同时警告特朗普政府不要退出条约，否则“将招致最严重的后果”。

2019 年 7 月 3 日，俄罗斯总统普京已经签署了有关暂停履行《中导条约》的法案。

联合国秘书长古特雷斯，2019 年 2 月 25 日在日内瓦举行的裁军谈判会议上指出，美国和俄罗斯之间的双边军备控制进程是近 50 年来国际安全的标志之一，但是这一和平遗产面临严重危险。他呼吁俄美双方维持和深化现有的双边核裁军条约。他指出，如果允许美国和俄罗斯之间的《中导条约》消亡，世界将变得更加不安全和不稳定。“这种不安全和不稳定将在欧洲敏锐地感受到，我们承受不起回到‘冷战’最黑暗时期无节制的核军备竞赛。”古特雷斯同时呼吁美国和俄罗斯在新版《削减和限制进攻性战略武器条约》2021 年到期之前延长这一条约。

通过上述事件，美国有意退出《中导条约》，实际是对俄罗斯发展的遏制，挑起新的核军备竞赛。虽然俄罗斯呼吁有关各方履行维护全球稳定安全的职责，向美国表明退出《中导条约》的危险性。但是，美国缺乏诚意（诚）继续谈判，对世界政治秩序（安全）带来负面影响。但是，作为两个联合国常任理事国和核武器大国，从历史经验看，美国与俄罗斯只能通过对话和谈判来解决问题，最后管控好冲突，避免战争，维护世界和平。

三、联合国的共同秩序

1. 美国退出《巴黎气候变化协定》

（1）案例简介[29]：美国退出《巴黎气候变化协定》事件。

2019 年 11 月 4 日，美国正式启动退出《巴黎气候变化协定》（简称《巴黎协定》）。

《巴黎协定》是 2015 年 12 月 12 日在巴黎气候变化大会上通过，2016 年 4 月 22 日在纽约签署的气候变化协定，该协定为 2020 年后全球应对气候变化行动做出安排。《巴黎协定》的主要目标是将 21 世纪全球平均气温上升幅度控制在 2 ℃之内，并将全球气温上升控制在前工业化时期水平之上 1.5 ℃之内。

2017 年 10 月 23 日，尼加拉瓜政府正式宣布签署《巴黎协定》，随着尼加拉瓜的签署，拒绝《巴黎协定》的国家只有叙利亚和美国。2017 年 11 月 8 日，德国波恩举行的新一轮联合国气候变化大会上，叙利亚代表宣布将尽快签署加入《巴黎协定》并履行承诺。2019 年 11 月 4 日，美国正式启动退出《巴黎协定》的进程。

2015 年 12 月，《联合国气候变化框架公约》近 200 个缔约方在巴黎气候变化大会上达成《巴黎协定》。这是继《京都议定书》后第二份有法律约束力的气候协议，为 2020 年后全球应对气候变化行动做出了安排。按规定，《巴黎协定》将在至少 55 个《联合国气候变化框架公约》缔约方（其温室气体排放量占全球总排放量至少约 55%）交付批准、接受、核准或加入文书之日后第 30 天起生效。

2016 年 10 月 5 日，联合国秘书长潘基文宣布，《巴黎协定》于 10 月 5 日达到生效所需的两个门槛，并将于 2016 年 11 月 4 日正式生效。

国际社会强有力的支持不仅证明了需要对气候变化采取行动的紧迫性，而且显示出各国政府一致认为应对气候变化需要强有力的国际合作。潘基文呼吁各国政府及社会各界全面执行《巴黎协定》，立即采取行动减少温室气体排放，增强对气候变化的应对能力。

2016 年 11 月 4 日，欧洲议会全会以压倒性多数票通过了欧盟批准《巴黎协定》的决议，欧洲理事会当天经书面程序通过了这一决议。这意味着《巴黎协定》已经具备正式生效的必要条件。联合国气候大会组委会在摩洛哥城市马拉喀什发布新闻公报，庆祝《巴黎协定》生效，强调这是人类历史上一个值得庆祝的日子，也是一个正视现实和面向未来的时刻，需要全世界坚定信念，完成使命。

《巴黎协定》是继 1992 年《联合国气候变化框架公约》、1997 年《京都议定书》之后，人类历史上应对气候变化的第三个里程碑式的国际法律文本，形成 2020 年后的全球气候治理格局。

《巴黎协定》获得了所有缔约方的一致认可，充分体现了联合国框架下各方的诉求，是一个非常平衡的协定。协议体现共同但有区别的责任原则，同时根据各自的国情和能力自主行动，采取非侵入、非对抗模式的评价机制，是一份让所有缔约国达成共识且都能参与的协议，有助于国际（双边、多边机制）的合作和全球应对气候变化意识的培养。欧美等发达国家继续率先减排并开展绝对量化减排，为发展中国家提供资金支持；中印等发展中国家应该根据自身情况提高减排目标，逐步实现绝对减排或者限排目标；最不发达国家和小岛屿发展中国家可编制和通报反映它们特殊情况的关于温室气体排放发展的战略、计划和行动。

《巴黎协定》制定了“只进不退”的棘齿锁定机制。各国提出的行动目标建立在不断进步的基础上，建立从 2023 年开始每 5 年对各国行动的效果进行定期评估的约束机制。

《巴黎协定》将在 2018 年建立一个对话机制，盘点减排进展与长期目标的差距。

《巴黎协定》要求建立针对国家自定贡献机制、资金机制、可持续性机制（市场机制）等的完整、透明的运作和公开透明机制以促进其执行。所有国家（包括欧美、中印）都将遵循“衡量、报告和核实”的同一体系，但会根据发展中国家的能力提供灵活性。

《巴黎协定》共 29 条，其中包括目标、减缓、适应、损失损害、资金、技术、能力建设、透明度、全球盘点等内容。

从环境保护与治理上来看，《巴黎协定》的最大贡献在于明确了全球共同追求的“硬指标”。该协定指出，各方将加强对气候变化威胁的全球应对，把全球平均气温较工业化前水平升高控制在 2 ℃之内，并为把升温控制在 1.5 ℃之内而努力。只有全球尽快实现温室气体排放达到峰值，21 世纪下半叶实现温室气体净零排放，才能降低气候变化给地球带来的生态风险及给人类带来的生存危机。

从人类发展的角度看，《巴黎协定》将世界所有国家都纳入了呵护地球生态、确保人类发展的命运共同体当中。该协定涉及的各项内容摒弃了“零和博弈”的狭隘思维，体现出与会各方多一点共享、多一点担当，实现互惠共赢的强烈愿望。《巴黎协定》在联合国气候变化框架下，在《京都议定书》、“巴厘路线图”等一系列成果基础上，按照共同但有区别的责任原则、公平原则和各自能力原则，进一步加强联合国气候变化框架公约的全面、有效和持续实施。

从经济视角审视，《巴黎协定》同样具有实际意义：首先，推动各方以“自主贡献”的方式参与全球应对气候变化行动，积极向绿色可持续的增长方式转型，避免过去几十年严重依赖石化产品的增长模式继续对自然生态系统构成威胁；其次，促进发达国家继续带头减排并加强对发展中国家提供财力支持，在技术周期的不同阶段强化技术发展和技术转让的合作行为，帮助后者减缓和适应气候变化；再次，通过市场和非市场双重手段，进行国际合作，通过适宜的减缓、顺应、融资、技术转让和能力建设等方式，推动所有缔约方共同履行减排贡献。此外，根据《巴黎协定》的内在逻辑，在资本市场上，全球投资偏好未来将进一步向绿色能源、低碳经济、环境治理等领域倾斜。

2018 年 4 月 30 日，《联合国气候变化框架公约》框架下的新一轮气候谈判在德国波恩开幕。缔约方代表将就进一步制定实施气候变化

《巴黎协定》的相关准则展开谈判，以期使该协定能够在操作层面得以落实。

（2）评述：这个事件中，当事国是美国和联合国。

2016年4月22日，美国签署《巴黎协定》是应对气候变化的“又一个关键里程碑”，美国时任国务卿克里出席签署仪式。

美国时任总统奥巴马认为，《巴黎协定》是全球应对气候变化的“转折点”。它建立了全球应对气候危机的持久框架，传递出全球坚定致力于低碳未来的强力信号。但全球不能因该协定而自满，因为气候问题不会通过这个协定而解决。

2017年6月1日，美国总统特朗普在华盛顿宣布，美国将退出应对全球气候变化的《巴黎协定》。

2019年11月4日，美国总统特朗普宣布正式启动退出巴黎气候协定的进程，因为美国根据该协定所做的承诺给美国工人、企业和纳税人带来了不公平的经济负担。

2017年6月1日，联合国秘书长古特雷斯声明，美国宣布退出《巴黎协定》，他表示失望。

国际货币基金组织时任总裁拉加德声明，新协定是人类应对全球气候变化挑战过程中迈出的关键一步，各国政府应当将表态落实到行动中。拉加德认为，碳排放定价不仅鼓励低碳投资，还有助于扶贫，并减轻家庭和企业的税收负担。她期待各方就碳定价开始对话并付诸实践。

联合国教科文组织总干事博科娃发表声明强调，巴黎气候变化大会只是通过限制人类活动减少对环境破坏的第一步，联合国教科文组织及其会员将支持国际社会在这一领域展开的具体行动。

世界资源研究所国际气候行动主任戴维·瓦斯科表示，《巴黎协定》的达成是全球应对气候变化的转折点，它将引领世界迈向低碳、有适应性、繁荣和公平的未来。

通过上述事件，美国退出《巴黎协定》，是后任总统特朗普对前任总统奥巴马政治成果的否定，也显示出美国政府的政治政策不稳定性，缺乏对全球性事务的责任担当。特朗普提出美国优先和国家利益，显示出美国缺乏诚意（诚、道德）与国际社会合作，对世界政治秩序（全球共同行动）带来负面影响。

2.《联合国千年宣言》

(1) 案例简介[30]：《联合国千年宣言》事件。

2000 年 9 月，在联合国千年首脑会议上，当时的 189 个会员国与会并通过了《联合国千年宣言》（联合国大会第 55/2 号决议）。《联合国千年宣言》（简称《千年宣言》）为人类发展制定了 8 项具体目标，即消灭极端贫穷和饥饿；普及小学教育；促进男女平等并赋予妇女权利；降低儿童死亡率；改善产妇保健；与艾滋病毒/艾滋病、疟疾和其他疾病做斗争；确保环境的可持续能力；全球合作促进发展。这些目标和指标被置于全球议程的核心，统称为千年发展目标。这是一项旨在将全球贫困水平在 2015 年之前降低一半（以 1990 年的水平为标准）的行动计划。千年发展目标通过以来，已经获得国际社会的广泛认同，具备广阔的发展前景，并成为联合国发展行动的总体框架。对千年发展目标，各会员国政府积极参与其中，同时联合国相关机构也共同参与，联合国千年发展目标合作伙伴包括联合国开发计划署、世界银行、联合国儿童基金会、联合国近东巴勒斯坦难民救济和工程处、非洲经济委员会、欧洲经济委员会等 35 家机构。另外，一些非政府组织和国际知名人士也加入了千年发展目标的活动。

21 世纪国际关系的基本价值如下。

①自由。人们不分男女，有权在享有尊严、免于饥饿和不担心暴力、压迫或不公正对待的情况下过自己的生活，养育自己的儿女。以民心为本的参与性民主施政是这些权利的最佳保障。

②平等。不得剥夺任何个人和任何国家得益于发展的权利。必须保障男女享有平等的权利和机会。

③团结。必须根据公平和社会正义的基本原则，以公平承担有关代价和负担的方式处理各种全球挑战。遭受不利影响或得益最少的人

有权得到得益最多者的帮助。

④容忍。人类有不同的信仰、文化和语言，人与人之间必须相互尊重。不应害怕也不应压制各个社会内部和社会之间的差异，而应将其作为人类宝贵资产来加以爱护。应积极促进所有文明之间的和平与对话文化。

⑤尊重大自然。必须根据可持续发展的规律，在对所有生物和自然资源进行管理时谨慎行事。只有这样，才能保护大自然给我们的无穷财富并把它们交给我们的子孙后代。为了我们今后的利益和我们后代的福祉，必须改变目前不可持续的生产和消费方式。

⑥共同承担责任。世界各国必须共同承担责任来管理全球经济和社会发展及国际和平与安全面临的威胁，并应以多边方式履行这一职责。联合国作为世界上最具普遍性和代表性的组织，必须发挥核心作用。

《千年宣言》体现了联合国会员国的共同理想，即创建一个更和平、更繁荣和更公正的世界、人人都能生活得更好、更安全。千年发展目标确立后，各会员国为实现本国目标而努力，联合国监督会员国实现千年发展目标的进程，一方面监督发达国家为发展中国家实现目标提供必要的帮助；另一方面监督发展中国家的计划。联合国大会2000年12月18日第55/162号决议和2001年12月14日第56/95号决议提出，秘书长就联合国系统和会员国执行《千年宣言》所取得的进展编写年度报告。

2015年7月6日，联合国秘书长潘基文在纽约发表了千年发展目标最终报告。《千年发展目标2015年报告》称，15年来，世界各地为实现2000年《千年宣言》中设定的8项宏伟目标所付出的努力基本上是成功的。

2015年9月，联合国大会达成2015年后《全球可持续发展议程》。

（2）评述：《千年宣言》是全球共同行动最成功的范例。

千年发展目标在联合国的推动下取得了史无前例的成功，2015年截止日期到来之前，千年发展目标多数已经实现，而且2015年后

《全球可持续发展议程》也在有条不紊地推进。

联合国在千年发展目标方面取得的成功经验如下。

①目标明确。千年发展目标在启动之初就明确了非常具体的目标，而且目标具有针对性，考虑了不同国家的实际情况。

②推进有力。联合国确立了千年发展目标之后，采取一系列有效行动确保 2015 年完成预期目标。

③监督有效。为监督各国为实现千年发展目标而推进本国计划并且承担国际义务，联合国每年发布《千年发展目标报告》。

通过上述事件，在实施千年发展目标的过程中，联合国主导了整个进程，充分发挥了国际合作作用，推动了会员国、国际组织、私营部门和民间社会在联合国框架下开展广泛的合作，通过共同核心价值观，凝聚了国际社会共识，充分利用了国际社会资源，保障了千年发展目标的成功实施。在实施千年发展目标的过程中，联合国真正发挥了世界上最具影响力的国际组织应有的作用，推动了发展领域真正意义上的全球治理，并且在其中发挥了主导作用。

第7章　人与自然的平衡

人类在浩瀚宇宙中显得非常渺小，人类在地球上的生存也是有限的，如果人类想在地球上延长生存，那么就必须使全人类达成共识：与自然界平衡相处，并可持续发展。

当代人类要对现工业文明时代进行反思（或批判），因为现发展已经严重破坏了人与自然界的平衡，处于不可持续发展。因此，人类必须尽快达成更多的共识，并且维护已达成的共识（公约、议定书等）。要共同反对和制止某些国家及集团的自身利益，维护世界各国的共同利益。

当代人类需达成更广泛的共识（国家法律、联合国公约等），并将其转化为人类共同的行为准则，让人类都知道：人类生存与自然界密切相关，人与自然是生命共同体。

一、地球生态危机

（1）案例简介[31-33]：《联合国气候变化框架公约》事件。

1992年5月9日通过了《联合国气候变化框架公约》（简称《气候变化公约》）。1992年6月，在巴西里约热内卢召开的由世界各国政府首脑参加的联合国环境与发展会议期间开放签署。

1994年3月21日，《气候变化公约》生效。

1997年，《京都议定书》达成，使温室气体减排成为发达国家的法律义务。

2016年6月底，《气候变化公约》共有197个缔约方。

2016年11月4日，《巴黎协定》正式生效。

2018年4月30日，《气候变化公约》框架下的新一轮气候谈判在德国波恩开幕。

《气候变化公约》没有对个别缔约方规定具体需承担的义务，也未规定实施机制。从这个意义上说，该公约缺少法律上的约束力。但是，该公约规定可在后续从属的议定书中设定强制排放限制。目前，主要的议定书有《联合国气候变化框架公约的京都议定书》（简称《京都议定书》）、《巴黎协定》，具有法律上的约束力。

为了实现目标，《气候变化公约》确立了5个基本原则：

①"共同而区别"的原则，要求发达国家应率先采取措施，应对气候变化。

②要考虑发展中国家的具体需要和国情。

③各缔约国方应当采取必要措施，预测、防止和减少引起气候变化的因素。

④尊重各缔约方的可持续发展权。

⑤加强国际合作，应对气候变化的措施不能成为国际贸易的壁垒。

《气候变化公约》是世界上第一个为全面控制二氧化碳等温室气体排放、应对全球气候变暖给人类经济和社会带来不利影响的国际公约，是国际社会在应对全球气候变化问题上进行国际合作的一个基本框架，也是具有权威性、普遍性、全面性的国际框架。

《京都议定书》是《气候变化公约》的补充条款，于1997年12月在日本京都由联合国气候变化框架公约参加国第三次会议制定的。其目标是"将大气中的温室气体含量稳定在一个适当的水平，进而防止剧烈的气候改变对人类造成伤害"。

政府间气候变化专门委员会预计，1990—2100年，全球气温将升高1.4～5.8℃。评估显示，《京都议定书》如果能被彻底完全地执行，到2050年之前仅可以把气温的升幅减少0.02～0.28℃。

《巴黎协定》明确了全球共同追求的"硬指标"。该协定指出，各方将加强对气候变化威胁的全球应对，把全球平均气温较工业化前水平升高控制在2 ℃之内，并为把升温控制在1.5 ℃之内而努力。只有全球尽快实现温室气体排放达到峰值，21世纪下半叶实现温室气体净零排放，才能降低气候变化给地球带来的生态风险及给人类带来的生存危机。

全球气候变暖是一种和自然有关的现象。由于人们焚烧化石燃料，如石油、煤炭等，或砍伐森林并将其焚烧时会产生大量的二氧化碳，即温室气体，这些温室气体对来自太阳辐射的可见光具有高度透过性，而对地球发射出来的长波辐射具有高度吸收性，即能强烈吸收地面辐射中的红外线，导致地球温度上升，这就是“温室效应”。当温室效应不断积累，导致地气系统吸收与发射的能量不平衡，能量不断在地气系统累积，从而导致温度上升，造成全球气候变暖这一现象。全球变暖会使全球降水量重新分配、冰川和冻土消融、海平面上升等，不仅危害自然生态系统的平衡，还威胁人类的生存。

另外，由于陆地温室气体排放造成大陆气温升高，以及海洋温差变小，从而造成空气流动减慢，雾霾无法短时间被吹散，使得很多城市雾霾天气增多，影响人类健康。汽车限行、暂停生产等措施只有短期和局部效果，并不能从根本上改变气候变暖和雾霾污染。

在1860年人类才有类似全球温度的仪器记录，当时的记录很少考虑城市热岛效应的影响。但是根据仪器记录，1860—1900年，全球陆地与海洋的平均温度上升了0.75 ℃；自1979年开始，陆地温度上升幅度约为海洋温度上升幅度的一倍（陆地温度上升了0.25 ℃，而海洋温度上升了0.13 ℃）。同年，人类开始利用卫星温度测量仪来测量对流层的温度，发现对流层的温度每10年上升0.12～0.22 ℃。2000年之后，多方组织对过去1000年的全球温度进行了研究，对这些研究成果进行对比和讨论后发现，自1979年开始的气候转变过程十分清晰。此外，其他的研究报告显示，20世纪初至今，地球表面的平均温度增加了约0.6 ℃。在20世纪全球变暖的程度，更是超过过去400～600年中的任何一段时间。

2013年8月5日，美国国家大气研究中心（Climate Central）本杰明·施特劳斯的研究报告称，到2100年，全球气候变暖会导致海平面上升127 cm，届时，美国约1400个城市将面临被淹没的威胁。他认为，佛罗里达州150个城市的270万人，以及路易斯安那州114个城市中的120万人都将处于极大的威胁中。此外，面临淹没威胁的地区还有新泽西州、加利福尼亚州和北卡罗来纳州等。

全面系统的观潮仪的数据记录是从1961年开始的，观察到1961—2003年，全球海平面上升的平均速度是每年（1.8±0.5）mm。更加全面的海平面数据是从1993年卫星进行测量开始的，理论上卫星观测可以得到最直接的海平面数据。1993—2003年，卫星观测全球海平面上升速度是每年（3.1±0.7）mm，速度明显比此前加快。但是这个加快仅仅是短期变化还是有长期趋势，还不好下结论。

全球变暖的人为因素有以下几个方面。

人口剧增因素。人口的剧增是导致全球变暖的主要因素之一。同时，这也严重威胁着自然生态环境的平衡。这样多的人口，每年仅自身排放的二氧化碳量就是惊人的数字，其结果便是直接导致大气中二氧化碳的含量不断增加，这样形成的二氧化碳温室效应将直接影响地球表面气候变化。

大气环境污染因素。环境污染的日趋严重已构成全球性重大问题，同时也是导致全球变暖的主要因素之一。21世纪关于全球气候变化的研究明确指出，自20世纪末起，地球表面的温度就已经开始上升。

海洋生态环境恶化因素。海平面呈不断上升趋势，如不采取及时措施，将直接导致淡水资源的破坏和污染等不良后果。另外，陆地活动场所产生的大量有毒性化学废料和固体废物等不断地排入海洋；发生在海水中的重大泄（漏）油事件等，以及由人类活动而引发的沿海地区生态环境的破坏等，都是导致海洋生态环境遭到破坏的主要因素。

土地破坏因素。造成土壤侵蚀和沙漠化的主要原因是不适当的农业生产。良好的植被能防止水土流失。但到 2014 年，人类为获取木材而过度砍伐森林、开垦土地用于农业生产及过度放牧等，对植被进行了严重的破坏。土壤侵蚀使土壤肥力和保水性下降，从而降低了土壤的生物生产力及其保持生产力的能力，进而可能造成大范围洪涝灾害和沙尘暴，给社会造成重大经济损失，并恶化生态环境。

酸雨危害因素。酸雨给生态环境所带来的影响已越来越受到全世界的关注。酸雨能毁坏森林，酸化湖泊，危及生物等。20 世纪，世界上酸雨多集中在欧洲和北美洲，多数酸雨发生在发达国家，一些发展中国家酸雨也在迅速发展。

物种加速灭绝因素。地球上的生物是人类的一项宝贵资源，而生物的多样性是人类赖以生存和发展的基础。但是地球上的生物物种正在以前所未有的速度消失。

水污染因素。全球环境监测系统水质监测项目表明，全球大约有 10% 的监测河水受到污染，21 世纪以来，人类的用水量正在急剧增加，同时水污染规模也正在不断扩大，这就形成了新鲜淡水的供应与需求的一对矛盾。

有毒废料污染因素。不断增长的有毒化学品不仅对人类的生存构成严重的威胁，而且对地球表面的生态环境也将带来危害。

全球变暖的自然因素有火山活动等。地球周期性公转轨迹变动，即地球周期性公转轨迹由椭圆形变为圆形轨迹，距离太阳更近。研究表明，地球的温度曾经出现过高温和低温的交替，有一定的规律性。

（2）评述：《气候变化公约》是世界上第一个为全面控制二氧化碳等温室气体排放、应对全球气候变暖给人类经济和社会带来不利影响的国际公约，是国际社会在应对全球气候变化问题上进行国际合作的一个基本框架，也是具有权威性、普遍性、全面性的国际框架。

《京都议定书》如果能被彻底完全地执行，到 2050 年仅可以把气温的升幅减少 0.02 ~0.28 ℃。

《巴黎协定》明确了全球共同追求的“硬指标”，把全球平均气温较工业化前水平升高控制在 2 ℃之内，并为把升温控制在 1.5 ℃之内而努力。到21世纪下半叶实现温室气体净零排放。

《气候变化公约》的目标是将大气中的温室气体含量稳定在一个适当的水平，防止剧烈的气候改变对人类造成的伤害，并降低气候变化给地球带来的生态风险及给人类带来的生存危机。

通过上述事件，世界各国在联合国平台上签订的《气候变化公约》，表明人类在共同利益上可以达成共识，并将其作为共同的行为准则，使人类知道人类生存与地球生态有着共同命运。虽然美国政府为了获得美国国家利益和美国优先退出了《巴黎协定》，却形成了世界各国对美国的负面影响，但是世界大多数国家还是继续履行《巴黎协定》，并承诺承担各自国家的责任。

二、地球环境灾害

(1) 案例简介[34-36]：《保护臭氧层维也纳公约》事件。

1976年4月，联合国环境规划署理事会第一次讨论了臭氧层破坏问题。

1977年3月，召开臭氧层专家会议，通过了第一个《关于臭氧层行动的世界计划》。

1980年，联合国环境规划署理事会决定建立一个特设工作组来筹备制定保护臭氧层的全球性公约。

1985年3月，在奥地利首都维也纳召开的保护臭氧层外交大会上，通过了《保护臭氧层维也纳公约》，并于1988年生效。

截至2000年3月，参加《保护臭氧层维也纳公约》的缔约国共有174个。

1989年9月，《关于消耗臭氧层物质的蒙特利尔议定书》（简称《蒙特利尔议定书》）是为了进一步落实《保护臭氧层维也纳公约》，由联合国环境规划署主持，在加拿大蒙特利尔召开的控制含氯氟烃的各国全权代表会议上通过的有关控制耗减臭氧层物质的国际条约。

为了纪念《关于消耗臭氧层物质的蒙特利尔议定书》的签署，1995年1月23日，联合国大会通过决议，确定从1995年开始，每年的9月16日为“国际保护臭氧层日”。

《保护臭氧层维也纳公约》为了促进和鼓励各国就保护臭氧层这一问题进行合作研究和情况交流，要求缔约国采取适当的方法和行政措施，控制或禁止一切破坏大气臭氧层的活动，保护人类健康和环境，减少臭氧层变化的影响。该公约虽然没有达成任何实质性的控制协议，但在处理全球环境问题上的合作迈出重要的一步，为《蒙特利尔议定书》做好了准备。

《蒙特利尔议定书》具体规定了各缔约国必须分阶段削减含氯氟烃产量和消费量。以1986年的产量和消费量为基准，到1993年削减20%，到1998年再削减30%，即到1998年含氯氟烃（CFC）的产量和消耗平均分别为1986年的一半。

臭氧层被大量消耗后（1985年，英国的约瑟夫·法曼在《自然》杂志上发表了他在南极做了近30年的臭氧观测结果，南极的臭氧浓度在几年间剧降了50%），吸收紫外辐射的能力大大减弱，导致到达地球表面的紫外线B明显增加，给人类健康和生态环境带来多方面的危害，已受到人们普遍关注的主要有对人体健康、陆生植物、水生生态系统、生物化学循环、材料及对流层大气组成和空气质量等方面的影响。

臭氧空洞是地球大气上空平流层（臭氧层）的臭氧从1970年开始每年递减的一种现象。臭氧消耗的主要原因是氯化物和溴化物对臭氧分解的催化作用，这些卤素主要来源于地面释放的氯氟烃，如氟利昂等。

1984年，英国科学家首次发现南极上空出现臭氧洞。1985年，美国的“雨云－7号”气象卫星测到了这个臭氧洞。

1985年，英国科学家法尔曼等人在南极哈雷湾观测站发现：在过去10～15年，每到春天，南极上空的臭氧浓度就会减少约30%，有近95%的臭氧被破坏。从地面上观测，高空的臭氧层已经极其稀薄，与周围相比像是形成一个“洞”，直径达上千公里，“臭氧洞”由此而得名。卫星观测表明，此洞覆盖面积有时比美国的国土面积还要大。到 1998 年，臭氧空洞面积比 1997 年增大约 15%。日本环境厅发表的一项报告称，1998 年南极上空臭氧空洞面积已达到历史最高纪录，为 2720 万平方公里，比南极大陆还要大约 1 倍。

美、日、英、俄等国家联合观测发现，北极上空臭氧层也减少了 20%。在被称为世界“第三极”的青藏高原，中国大气物理及气象学者的观测也发现，青藏高原上空的臭氧正在以每年 2.7% 的速度减少。根据全球总臭氧观测的结果表明，除赤道外，1978—1991 年总臭氧每 10 年就减少1% ~5%。

臭氧层的作用很大：臭氧层能够吸收太阳光中的波长 300 μm 以下的紫外线（紫外线 B），保护地球上的人类和动植物免遭短波紫外线的伤害。所以，臭氧层就像一道屏障保护着地球上的生物。

2014 年 9 月 12 日，负责近 4 年臭氧水平评估的美国航天局科学家保尔·纽曼说，2000—2013 年，中北纬度地区 50 公里高度的臭氧水平已回升 4%。科学家把这种积极变化归功于全球对某些制冷剂、发泡剂的限制使用，同时说明只要全球行动，人类可以抵制或者延缓生态危机。联合国组织 300 名科学家对地球臭氧水平进行持续监测，每 4 年为一个评估期。另外，臭氧层虽然在恢复，距离痊愈还很遥远。联合国环境项目执行主管阿希姆·施泰纳依据数据判断，臭氧层可能会在 21 世纪中期实现痊愈，但仍需仰仗各国的共同努力。

（2）评述：2012 年 9 月 16 日是第 18 个“国际保护臭氧层日”，也是《关于消耗臭氧层物质的蒙特利尔议定书》签署 25 周年。联合国时任秘书长潘基文就此发表致辞说，《蒙特利尔议定书》取得了很大成功，但各国政府必须继续履行保护臭氧层的承诺。

潘基文说，保护地球生命免受有害太阳紫外线辐射的臭氧层逐渐变薄成为人类面临的最大挑战之一。25 年前，《蒙特利尔议定书》的签署可能是迄今在环境问题上进行全球合作的最佳实例。

潘基文说，随着消费品、工业产品和农产品中 98% 的臭氧消耗气体被逐步淘汰，臭氧层可望在今后50年内恢复，已避免了数百万癌症和白内障病例，也避免了紫外线辐射对环境的有害影响。《蒙特利尔议定书》还推动了化学品和设备生产工业的创新，催生了更节能且无害环境的制冷系统等。

潘基文说，《蒙特利尔议定书》的成功经验表明，既然能采取行动解决一个问题，应该也能采取行动解决其他很多问题；它还证明，以科学为依据的决策、审慎的做法、共同但有区别的责任、同代人和各代人之间的公平等基本原则对所有国家都有益。潘基文敦促各国政府和所有伙伴用这种精神应对当今其他重大的环境和发展挑战。

通过上述事件，世界各国在联合国平台上签订的《保护臭氧层维也纳公约》，是人类在共同利益上达成共识并在环境问题上进行全球行动的最佳案例，也是人类与自然界平衡的最好典范。

第 8 章　人与自我的修养

当代人类的共同核心价值观：自由、平等、秩序、诚。其中，“诚”起着非常重要的作用，也是中华文明贡献给人类思想体系的瑰宝。中国北宋周敦颐是思想家的典范，他是“诚”的学说创立者，建立了以“诚”为本的道德伦理学说。新加坡第一任总理李光耀是践行家的楷模，他是新加坡国家的缔造者，也是“新加坡模式”的主要建构者。他们为人类树立了榜样，他们言行一致。

如果人类社会都做到了人人以“诚”立人（做人），以“诚”相待，那么这个人类社会就是最完美的社会，人民就是最幸福的人民。同样，国家也要以“诚”守信，为民树立榜样。特别要倡导“诚”，并保护“诚”者。

一、思想家的典范（周敦颐）

（1）案例简介[37-38]：北宋思想家周敦颐。

周敦颐（1017—1073 年），北宋儒家理学思想的开山鼻祖，思想家、哲学家。著有《太极图说》《通书》《爱莲说》等。

1017 年五月初五午时，周敦颐生于道州营道县营乐里楼田堡（今湖南永州市道县清塘镇楼田村）。

1030 年，周敦颐请示父母，在仆人周兴的陪伴下，带着简单的生活行李及许多书本，揣着许多想不明白的问题，奔向月岩，专心读书思考，受到老师的赞赏。

1031 年，周敦颐父亲周辅成因病去世，他跟着母亲入京师，投靠舅舅龙图阁学士郑向。

1036年，郑向依据官衔，按照惯例，可得到朝廷的恩荫，准许一名子弟出来做一名小官。爱之如子的舅舅将这个机会给了他，周敦颐就此当上了朝廷将作监的主簿。

1044年，吏部来分宁考核，周敦颐得到广泛好评，他开始了仕途的第一次升迁，即担任南安军司理参军，职掌刑法。

1046年，周敦颐在担任荆湖南路郴州郡郴州县县令年期间，最突出的政绩是兴教办学。一来郴县，周敦颐就在公务之余，利用旧有的县学兴教讲学。“二程”（程颢、程颐）的父亲——大理寺丞程珦，任兴国县（今江西兴国县）知县，并兼任南安军的副职。在南安（今江西省大余县南安镇）与周敦颐交谈时，见他相貌不凡，学问渊博，通晓事理，特命两个儿子程颢、程颐拜他为师。程颢时年15岁；程颐时年14岁。两人听他讲授，进步很快，后来他又作《太极图》教授程氏兄弟。

1046年冬，升移到郴县（今湖南省郴州市苏仙区）县令。

1054年，提升大理寺丞京官衔，派驻洪州南昌县（今江西南昌）知县。

1056年，升为太子中舍签书，调任署合州判官。

1057年，他被转为殿中承，赐五品服，仍然兼任合州判官。长子周寿出生。

1058年，原配浙江缙云县君陆氏病故，不胜悲痛妻子。

1059年，四川阆州人太常丞蒲宗孟从蜀江道来拜见他，两人一连谈了三天三夜，蒲宗孟提出的问题，都得到满意的回答。退而赞扬说：“世上哪有这样的奇才！”就在第二年，把自己的妹妹蒲氏嫁给了周敦颐，3年后生子周焘。

1060年6月，周敦颐从合州（今重庆合川）解职回京，正好遇上回京述职的王安石。周敦颐应邀造访了王安石。王安石对年长自己4岁的周敦颐充满了崇敬，相见恨晚。以至于周敦颐离开了，他还久久地回味着、感慨着。他们这次的聚会和交谈，彼此都从对方那里得到了思想的启悟。

1061 年，迁国子监博士，任虔州通判。

1068 年，提升为广南东路的转运判官。

1070 年，转为虞部郎中，提升为广南东路提点刑狱，次年调任南康知军。

1072 年，周敦颐不幸感染了瘴疠，辞官归隐定居在庐山莲花峰下。他将门前的小溪正式命名为家乡的“濂溪”。定居于江西庐山莲花峰下的濂溪书堂，讲学授徒。

1073 年六月初七，病逝于庐山濂溪书堂，终年 57 岁。

其主要成就如下。

①哲学思想。他的哲学思想的核心就是一个“诚”字。“诚”是他关于天道、人道、天人合一之道的最高境界的表达。“诚”主要分为天道本体论和心性本体论两个方面。在周敦颐看来，“诚”首先是宇宙存在的根据，是宇宙的本体，即天道本体论。在《太极图说》中，他认为人与万物同样都是二气交感所化生出来的，而其源都是太极，再由太极推及人极，也就是把人的道德、人性看成与宇宙生生过程相同的无极而太极、阴阳五行的过程，这样，周敦颐便为他的“诚”的理论奠定了宇宙论的基础。“诚”所体现的心性本体论一个突出的表现便是人的伦理道德。周敦颐如此推重“诚”，就是坚信人类具有真诚善良的本性。他发挥了《中庸》关于“诚”的思想，从宇宙论进而推演出人道观，建立了以“诚”为本的伦理道德学说。

②教育思想。他的教育思想包括 3 个方面。一是“教人向善，进德修业”的教育目的。周敦颐认为人性向善，很大程度上依赖于师之教。二是“六经为主，以诚为本”的教育内容。他十分重视儒学经典，始终将“诚”放在育人最显要的位置，反复阐述，在《通书》中“诚”字的出现就高达 20 次之多。三是“自学为主，重在启发”的教育方法。始终坚持开明的教育方法，除了邀请当时的学界名流来讲学，采用“学生自学为主，特别注重启发”原则。

③社会政治思想。可以归纳为德治与刑治两个方面。一是德治。

体现在修圣德、重师道、推礼乐 3 个方面。修圣德。周敦颐称之为立人之道，“立人之道，曰仁与义”，仁义修而万民感化。重师道。周敦颐认为，使天下人从善而不为恶，唯一的办法就是重师道：“师道立则善人多，善人多则朝廷正而天下治矣”。推礼乐。周敦颐认为：“礼，理也；乐，和也”。礼的实质在于理，“理”的本意在于治。二是刑治。周敦颐的刑治思想体现在他的德刑观和慎刑观上。在周敦颐看来，刑治是为弥补道德的不足而采取的万不得已的选择。他指出，圣人以天道为法则，主要是以政养万民，德治是最好的养民方法和手段。他主张“慎刑”，不到万不得已的时候不轻易使用刑治。

理学思想，周敦颐在治学中，提出许多新问题，并做出新的论断，把儒学推进了一步。他所提出的无极、太极、阴阳、五行、动静、主静、至诚、无欲、顺化等理学基本概念，为后世的理学家反复讨论和发挥，构成理学范畴体系中的重要内容。他成为宋明理学的开山祖师。南宋理宗时，诏从祀孔子庙堂，其理学奠基者地位为官方所承认。

周敦颐是宋明道学的开创者。在当时儒、释、道合流的形势下，从对于《老子》的“无极”、《易传》的“太极”、《中庸》的“诚”及五行阴阳学说等思想资料进行熔铸改造，并为宋以后的道学家提供“无极”“太极”等宇宙本体论的范畴和模式来说，周敦颐确有“发端之功”。“二程”的“扩大”，朱熹的“集大成”，就一定意义来说，都不过是在周敦颐原有的思想基础上使道学理论更加完善化、系统化而已。

“诚”的论述（《通书》载录）如下。

诚上

诚者，圣人之本。大哉乾元，万物资始，诚之源也。乾道变化，各正性命，诚斯立焉。纯粹至善者也。故曰：一阴一阳之谓道，继之者善也，成之者性也。元亨，诚之通，利贞，诚之复。大哉易也，性命之源乎。

诚下

圣，诚而已矣。诚，五常之本，百行之源也。静无而动有，至正而明达也。五常百行，非诚非也，邪暗塞也。故诚则无事矣。至易而行难。果而确，无难焉。故曰：“一日克己复礼，天下归仁焉。”

诚几德

诚，无为，几，善恶。德：爱曰仁，宜曰义，理曰礼，通曰智，守曰信。性焉、安焉之谓圣。复焉、执焉之谓贤。发微不可见，充周不可穷之谓神。

（2）评述：宋朝胡宏（1102—1161 年）《通书略序》：“今周子启程氏兄弟以不传之妙，一回万古之光明，如日丽天，将为百世之利泽，如水行地。其功盖在孔孟之间矣。”

周建刚评说[39]：“周敦颐被称为‘理学开山’和‘道学宗主’，继孔孟不传之学，开宋代理学‘道统’，这与朱熹的努力是分不开的。”也就是说，中国儒学自孔子、孟子之后就是周子（周敦颐）。

王立新评说[40]：“周敦颐一生的理论与实践，大致可以用一个‘诚’字来概括。‘诚’是华夏民族文化的核心价值和命脉所系，拥有这种‘诚’的内在自觉，是周敦颐的‘大诚’。说一个人老实，不撒谎，那只是小诚信。大诚信是对历史文化的忠诚，是对中华民族人文理念中的核心价值的忠诚。正因为周敦颐内心怀有无上的接天德续斯文的大诚，他才不枉了理学开山祖师和道学宗主的后世赞誉。周敦颐之‘诚’，充分体现在他一生的理论与实践之中，我们甚至可以说，他的一生，就是‘诚’在理论和实践上的高度统一，仅此一点，他就足以成为后世永远学习和效法的真正典范。”

通过上述内容，把周敦颐哲学思想的核心“诚”字，作为人类共同核心价值观的内容，即自由、平等、秩序、诚。这具有深远的人类历史意义和解决现时代问题的重要现时意义。

二、践行家的楷模

（1）案例简介[41-42]：新加坡第一任总理李光耀。

李光耀（1923年9月16日至2015年12月23日），祖居地中国广东省梅州市大埔县高陂镇唐溪村，是新加坡第三代移民。

李光耀为新加坡的独立及崛起做出了卓越贡献，被誉为“新加坡国父”，他不仅是新加坡政坛极具影响力的人物，也是亚洲乃至世界著名政治家之一。著作有《李光耀40年政论选》《李光耀论中国与世界》《李光耀观天下》等。

1923年9月16日，出生于当时为英国殖民地的新加坡。

1936—1942年，就读于莱佛士书院和莱佛士学院。

1942—1945年，日本统治时期，在日本当局“报道部”担任英文编辑并从事黑市生意。

1946—1950年，留学英国剑桥大学并取得律师资格。

1950年8—9月，返回新加坡并与柯玉芝结婚。

1954年，成立人民行动党，担任秘书长。

1955年，当选立法议会议员。

1956—1958年，3次赴伦敦参加谈判，达成新加坡自治协议。

1959年，在新加坡自治邦首届大选中，人民行动党获胜，李光耀出任总理。

1963年，新加坡与马来亚合并，成立马来西亚，人民行动党在新加坡大选中获胜，连任总理。

1964年，新加坡发生种族暴乱，新加坡与联邦政府关系不断恶化。

1965年8月9日，新加坡脱离马来西亚独立。

1968年、1972年、1976年、1980年、1984年、1988年，领导人民行动党在历届大选中获胜，连任总理。

1990年，卸任内阁总理（吴作栋继任），担任内阁资政。

1992 年，卸任人民行动党秘书长。

2004 年，长子李显龙继任总理。

2010 年，妻子柯玉芝去世。

2011 年，卸任内阁资政。

2015 年 3 月 23 日，因病去世，终年 92 岁。

政论语录：

论领袖：执政者永远不应该被大众的观点所左右，那是一种思想上的软弱，也是在行动上告诉大家你没有能力改变现状。

我从不过分担心，或被民调过分影响。我认为，一个领导人是个能力不够的领导人，如果担心民调会升高还是降低，就不是领导人，只是在追着风向跑……看风吹到哪里，就去哪里，那不是我来这里的目的。

在亚洲，领导人要得到应有的尊重，我不允许随意地被人嘲笑。

论治国：什么对我们更重要？先是人民的幸福，然后才是民主式的规矩和程序。

人类是不平等的生物，这是事实。一切伟大的宗教、政党、运动都是为了让人类更平等，但他们都没成功。

新加坡需要铁腕！我花了一辈子才建立起这一切，只要我还当政，就不允许任何人来毁掉它！

我毫不后悔当初在人们的生活习惯上设定了严格的规范，我们必须要告诉你哪里不能吐痰，你不能发出多大的噪音……我们需要限定个人的自由。

论新闻自由：如果我们不站起来回应外国媒体的抨击，新加坡人民，尤其是记者和学者们，便会相信自己的领袖不敢辩驳或辩不过人家而不再尊敬我们。

一些人天真地以为新闻自由是神圣和绝对的。其实，新闻自由等于报社老板的自由。他有权聘请新闻从业员，也有权开除他们。

论人生：我把我的生命，如此多的时间，用来建设这个国家。除此之外，我不需要做任何事。到了最后，我得到了什么？一个成功的新加坡。我又付出了什么？我的一生。

主要成就如下。

在出任新加坡自治邦内阁总理期间（从 1959 年 6 月 5 日开始），李光耀雄心勃勃，准备甩开膀子大干一场。他们高调推行了一系列引人注目的运动，采取了各种各样的措施，使新加坡呈现出一番崭新的气象。首先，从整顿市容市貌入手，他与部长们一起带头打扫街道、清理海滩、铲除荒草，建立人民协会和民众联络所，组织建国队，整顿社会秩序和风俗，兴建组屋，保障妇女儿童权益发展教育，建立贪污调查局和劳资争议仲裁庭，发展经济等。作为最后一位总督和过渡期间的新加坡元首（总统）古德在报告中写道：李光耀掌控了内阁，内阁紧密地团结在一起。他们犯了某些错误，发现跟建立一个政党相比，管理政府要难得多。总体来说，他们在贯彻执行宣布的各种政策上有了好的开端。

在新加坡脱离马来西亚独立以后（从 1965 年 8 月 9 日开始）。当时新加坡的经济顾问温思敏博士告诉李光耀：到 1966 年年底，新加坡的失业率可能超过 14%，造成社会动荡，“新加坡正走在刀刃上”。李光耀和他的同僚认识到，要从根本上解决新加坡的失业问题，振兴经济，必须推行工业化，吸引工业投资，成立新加坡经济发展局，建设工业区。当时规模最大的裕廊工业区面积达 9000 英亩（1 英亩≈ 4046.86 m^2），道路、电力和供水排水设施齐备，使新加坡工业蓬勃发展，不仅解决了失业问题，而且还让新加坡成为重要的电子产品出口国。新加坡的失业率从 1965 年到亚洲金融危机爆发前的 1997 年，由 14% 下降到 1.8%；1973—1997 年，人们的实得工资年均增长 5%。新加坡走上了经济振兴之路，成为“亚洲四小龙”（中国台湾、中国香港、韩国、新加坡）中的一员。

李光耀还践行创造了新加坡“第一世界的绿洲”。首先改变新加坡市容市貌，并整治新加坡河和加冷盆地，使新加坡面貌焕然一新。同时创建了新加坡世界金融中心，并成立了新加坡政府投资公司、新加坡金融交易所等。到 20 世纪 90 年代，世界金融中心的蓝图已经变成现实，新加坡的外汇市场排名世界第四。

李光耀还推行了成立全国工资理事会、“居者有其屋”计划、公积金、医疗保健等。提高社会的福利水平，让更多的人过上体面、有保障的生活，使社会变得文明和现代化。同时，新加坡的清廉是靠“胡萝卜加大棒”的政策，即贪污调查局的“大棒”加上高薪养廉的“胡萝卜”。2014 年，根据透明国际公布的世界各国廉洁度排名，新加坡再次蝉联亚洲最清廉的国家，排名世界第七。

1990 年 11 月，李光耀卸任总理职务，转任内阁资政，继续用智慧和经验为继任者提供建议。退居二线的李光耀仍然活跃在国内外的舞台上，代表新加坡发出自己的声音，扮演自己的角色。

李光耀提出国家和社会高于个人的“亚洲价值观”，与西方的主流价值观有所不同。李光耀对中国的深刻观察和预言，不仅体现了他对中华文化的了解，更是对中国传统文化的一种认同。他曾说：“中国要实现工业现代化，不一定就得把基本的文化价值观和信仰全都抛弃。保留勤俭、刻苦的传统价值观，强调注重学问知识，效忠家庭和国家，把社群利益放在个人利益之上，正因为有了这些儒家价值观，才有社会凝聚力、高储蓄、高投资，进而带来高生产力和高增长。”

李光耀认为：“无论世界怎么样，新加坡都得去接受它，因为它实在小得无法改变世界。不过，我们可以尝试最大限度地利用有限的空间，在本区域的‘巨树’之间穿梭。这一直是我们的方法。若要继续保持如此，我们就必须保持思路敏捷，懂得随机应变。就新加坡而言，我们的成功故事取决于三大特性：确保这是个让人们生活与工作的最安全的国家、平等对待每一个公民及确保每一代新加坡人能持续成功。如果没有这 3 个我们多年来确立的基本因素，我们将失去现有的优势。无论是本地还是外国的投资者，他们在新加坡投资时必须满怀信心。这 3 个因素保证了他们的投资在未来能持续获得回报。如果我们不是以这种方式同世界联系，就会面临与世界脱节的风险。”

李光耀说：“对于人生，我不会特别执着于什么，或者高谈什么伟论，就只是以自己想做的事来衡量人生的价值。就我自己来说，想做的我已经尽力做到了，我心满意足。”

现在的新加坡（700 km^2 的岛国，500 多万人口）国家富强，人民安居乐业，2014 年新加坡人均国内生产总值高达 5.6 万美元（而 1960 年人均国内生产总值仅有 400 多美元）。新加坡已成为世界上最富有的国家之一。

（2）评述：2015 年 3 月 23 日，李光耀因病去世，在他的葬礼上，新加坡总理、他的长子李显龙的话是对李光耀人生的最好总结：“由始至终李先生最关心的就是新加坡的存亡……在他的领导下，我国成功从第三世界晋升为第一世界，成为一个让人民引以为豪的家园。”“悼念他最好的方式就是继续发扬他的爱国精神，团结一致，让这个他付出毕生精力建立的新加坡，继续繁荣稳定。”“建国总理李光耀先生，请您安息吧！”随着李显龙在葬礼上说出这句话，一位世纪伟人的生命安息，精神永存。

李光耀先生是新加坡共和国的缔造者，也是广受国际社会尊重的战略家和政治家。李光耀先生是中国人民的老朋友，是中新关系的奠基人、开拓者、推动者。

——中国国家主席习近平

李光耀对亚洲动态及经济管理的意见及见解，深受世上人尊重。过去和现在的许多世界领导人，都曾就治理方式及发展向他寻求意见。

——美国时任总统奥巴马

现代新加坡之父转变了他的国家，也协助东盟进入新时代。他留下的新加坡对美国的稳定和繁荣具有影响力，也是美国的朋友。

——美国时任总统乔治·布什

李光耀延揽了一批优秀人才，把最严格的标准转变成了一套管理制度。在其领导下，公共利益至上，崇尚教育、工作与储蓄，以及预测狮城需求的能力都使得新加坡走上了我所说的“进步的捷径”。

——法国时任总统雅克·希拉克

李光耀堪称现代新加坡之父，他当之无愧。他制定的政策被亚洲各地效仿，他极大地改变了人民对新加坡的印象和看法。这项功绩永远不会褪色。

——英国时任首相约翰·梅杰

有了他的领导，新加坡如今不仅是世界上最繁荣的国家之一，它也是经济强国，并且是全球最易经商的国家之一。本区域的发展，李光耀先生功不可没。

——澳大利亚时任总理阿博特

（李光耀是）亚洲的传奇人物，因为他极强的领导能力和治国才能而深受尊敬。

——联合国时任秘书长潘基文

李光耀的离世对于世界来说意味着一位政治伟人的远去，对于新加坡而言意味着一个时代的结束，因为对于很多新加坡人而言，李光耀就代表了新加坡。李光耀留给新加坡和世界的不仅仅是一个繁荣的国家，而是宝贵的政治遗产和精神财富。李光耀长达 50 多年的从政生涯，应对各种复杂国际形势变化的经历，小国大舞台的思维方式，以及超越现实发展的战略眼光，让他在新加坡历史发展中发挥了无可替代的作用。在一代人的时间里，新加坡从贫穷走向富裕，从腐败走向廉洁，从人情关系社会走向全面的法治社会，从缺乏归属感的移民聚散地变成和谐共处的发达国家，从小国发展成有国际影响力的国家。李光耀既是新加坡国家的缔造者，也是“新加坡模式”的主要建构者。“新加坡模式”是以精英体制、严明法治、政府高积累建立社会保障体系等为主要特征，这是与西方发展模式不同的路径，这种发展模式给包括中国在内的一些国家提供了可资借鉴的宝贵财富。

李光耀是一名政治家、战略家，更是践行家（行动家、实干家），不仅是他的政治经验给后人以指导，他的精神品质也值得后人学习。他视野开放，目光高远，始终保持忧患意识，为国家发展尽心竭力。他意志坚强，兼收并蓄，为达到目标而不懈努力。这些都是李光耀留给世界的精神财富。李光耀曾经发挥的历史作用，不会随着他的离去而消逝。世界在发展，新加坡也在发展，他的思想和眼光仍将见证时代的不断变化。李光耀曾说："要治理好一个国家的条件其实很简单，一是组成一个能赢得人民信任与支持的政府；二是有行事光明磊落、能为国家做出正确决定的领导层。"或许这对于新加坡和世界上其他一些国家的未来发展之路有一定的指导作用。

通过上述：李光耀的世界观，他认为："人类在地球上的发展超两万年，已进化为有思想的生物，也有能力超越自己去关注宇宙万物，并反思自己的处境。"

李光耀提倡的"亚洲价值观"。当代学者陈来指出[43]："按李光耀的解释，他所谓亚洲价值主要是指东亚受儒家文化影响的价值体现。这些'亚洲价值（观）'是东亚传统性与现代性的世界融合中所发展出来的价值态度和原则。""现代亚洲的价值与现代西方的价值的不同，不是所有的价值要素都不同，而是价值的结构、序列不同、价值的重心不同。质言之，这是一套非个人主义优先的价值观，是新加坡版亚洲现代性的价值观，也是新加坡版现代儒家文明的价值观。其核心是，不是个人的自由权利优先，而是族群、社会的利益优先；不是关联各方冲突优先，而是关联各方和谐优先。"

李光耀建构的"新加坡模式"。他践行的希望是："我此生最大的满足感，就是自己曾经花了这么些年，争取支持、激发民心，打造了这么一个任人唯贤、没有贪污、种族平等的地方，并且在我之后还会持续下去。""人们不论种族、语言和宗教，都凭着能力、才干获得擢升。只要继续维护这个体制，我们将继续进步。这是我最大的期许。"

李光耀在他的一生中践行，为新加坡做出了伟大的贡献。他是人类践行家的楷模。

第9章　人与社会的和谐

当代人类社会，人都生活在地球上，国家不论大小，都不能因为国家意识形态不同和社会制度不同等而发生冲突或战争。要相互宽容与忍让，因为人类在这个星球上还需要继续生存。如何使人类社会和谐？各国都有各自的价值观，那么就从这些价值观中找出人类共同的核心价值观，如自由、平等、秩序、诚，并进行双边或多边（如联合国平台上）的对话及谈判，求同存异，才能共同和谐发展。

未来社会，是由自然进化人、类人进化人、类人机器人共同组成，同样，有共同的核心价值观——自由、平等、秩序、诚，并作为各自的行为准则，共同生存于地球社会，相互和谐发展。

一、现代社会和谐

（1）案例简介[44－45]：中美3个联合公报事件。

1972年2月21日，美国时任总统尼克松一行抵达北京，对中国进行为期7天的历史性访问。访问期间，毛泽东主席会见了尼克松总统，并同周恩来总理进行了会谈。

1972年2月28日，中美双方在上海发表了《中华人民共和国和美利坚合众国联合公报》（《上海公报》），标志着中美关系开始走向正常化。《上海公报》在阐明双方对重大国际问题的各自看法和立场、承认中美两国的社会制度和对外政策有着本质区别后，强调指出双方同意以和平共处五项原则来处理国与国之间的关系。

1975年12月1日，美国时任总统福特应周恩来总理的邀请，来中国进行访问。

1975 年 12 月 2 日，毛泽东主席会见了福特总统及其夫人贝蒂·福特、女儿苏珊·福特。双方就广泛的问题进行了认真的、有意义的交谈。

1978 年 12 月 16 日，中美两国发表了《中华人民共和国和美利坚合众国关于建立外交关系的联合公报》(《中美建交公报》)。

1979 年 1 月 1 日，中美两国正式建立大使级外交关系。

1979 年 1 月 29 日，应美国总统卡特的邀请，邓小平访美，揭开了中美关系史的新篇章。

1982 年 8 月 17 日，中美两国政府发表《中华人民共和国和美利坚合众国联合公报》(《八一七公报》)。

中美 3 个联合公报（《上海公报》《中美建交公报》《八一七公报》)，成为中美关系发展的指导性文件。

《上海公报》主要指出：中美两国的社会制度和对外政策有着本质的区别。但是，双方同意，各国不论社会制度如何，都应根据尊重各国主权和领土完整、不相互侵犯、不干涉内政、平等互利、和平共处的五项原则来处理国与国之间的关系。国际争端应在此基础上予以解决，而不诉诸武力和武力威胁。美利坚合众国和中华人民共和国准备在他们的相互关系中实行这些原则。

《中美建交公报》主要指出：美利坚合众国承认中华人民共和国政府是中国的唯一合法政府。中华人民共和国和美利坚合众国将于 1979 年 3 月 1 日互派大使并建立大使馆。

为了使中美关系健康发展和维护世界和平，反对侵略扩张，两国政府重申《上海公报》和《中美建交公报》中双方一致同意的各项原则。双方将就共同关心的双边问题和国际问题保持接触并进行适当的磋商。

(2) 评述：中华人民共和国国务院总理周恩来，在欢迎美国总统尼克松的宴会上的祝酒词[46]：“中美两国的社会制度根本不同，在中美两国政府之间存在着巨大的分歧。但是，这种分歧不应当妨碍中美两国互相尊重主权和领土完整、互不侵犯、互不干涉内政、平等互利和和平共处五项原则的基础上建立正常的国家关系，更不应该导致战争。中国政府早在 1955 年就公开声明，中国人民不要同美国打仗，中国政府愿意坐下来同美国政府谈判，这是我们一贯奉行的方针。我们注意到尼克松总统在来华前的讲话中也谈道：‘我们必须做的事情是寻找某种办法使我们可以有分歧而又不成为战争中的敌人。’我们希望，通过双方坦率地交换意见，弄清楚彼此之间的分歧，努力寻找共同点，使我们两国的关系能够有一个新的开始。”

通过上述事件，中美两国建交近半个世纪以来，美国成为世界第一大经济体，中国成为世界第二大经济体。虽然两国政治体制不同，但是，双方通过几十年的发展，特别中国通过改革开放的快速发展，两国具体实施的各项制度都有很多相同和相似之处。也就是两国之间相互学习、相互借鉴等，求同存异，周恩来当时的讲话，仍然没有过时，也实现了尼克松的希望，两国基本做到了和谐发展。

当代是经济全球化时代，美国主张“国家利益，美国优先”；而中国主张“人类命运共同体，共赢共享”。两国存在发展理念上的冲突，美国想遏制中国的发展，中国必然会采取反遏制措施来应对美国。两国共生存在一个地球上，必须相互宽容与忍让，因为人类在这个星球上还需要继续生存。如何使人类社会和谐？不管是在美国《独立宣言》上，还是在中国《宪法》上，都有各自的价值观，那么从这些价值观中找出共同的核心价值观，如自由、平等、秩序、诚。双方进行对话及谈判，求同存异，才能共同和谐发展。

二、联合国发展

（1）案例简介[47]：恢复中国在联合国的合法席位事件。

1950 年 9 月，在美国操纵下，第 5 届联合国大会否决了恢复中华人民共和国在联合国的合法权利的提案，决定由大会组成 7 人特别委员会，审议中国代表权问题，在做出决议以前仍允许“中华民国”的代表占据联合国席位。

1961 年，第 16 届联合国大会总务委员会通过了讨论中国在联合国席位问题的议题。但美国强行把恢复中国代表权作为必须由联合国大会以 2/3 多数票赞成方算通过的“重要问题”。这就是说，在美国处于少数情形时，仍能阻挠中国恢复在联合国的合法权利。

1970 年，第 25 届联合国大会上，支持恢复中国席位并驱逐国民党集团“代表”的表决结果是 51 票赞成、47 票反对，赞成票第一次超过了反对票。

1971 年 7 月 6 日，当时的美国总统尼克松在堪萨斯城发表讲话，把世界分为五极，称中国是五极之一，第一次对中国使用了“中华人民共和国”的称谓。

1971 年 7 月 9 日，美国总统国家安全事务助理基辛格博士秘密来华访问。同年 10 月，基辛格再次来华访问，与上次不同的是，这次是公开的。

1971 年 10 月，纽约时间 25 日晚上，正是北京时间 26 日上午。第 26 届联合国大会以 59 票反对、55 票赞成、15 票弃权，否决了美国“重要问题”提案，并以 76 票赞成、35 票反对、17 票弃权的压倒多数，通过了阿尔巴尼亚、阿尔及利亚等 23 个国家提出的“恢复中华人民共和国在联合国组织中的合法权利”的议案。

1971 年 11 月 11 日，以乔冠华为团长的中国代表团正式出席第 26 届联合国大会。中华人民共和国在联合国长期被非法剥夺的席位得以恢复，并成为联合国常任理事国之一，这是中国外交史上具有历史意义的伟大胜利。中国在联合国合法席位的恢复，大大改变了联合国及安理会的投票意志和愿望，更好地维护世界和平、促进世界发展。

（2）评述：1971 年 10 月，中国在联合国合法席位得到恢复，这是中国外交史上的重大事件。中国与联合国之间的关系，经历了曲折的发展道路。中国是联合国的创始成员国，是安全理事会 5 个常任理事国之一。

毛泽东对中国恢复联合国席位这一具有战略意义的外交胜利，给予了高度评价。当时，中国政府决定积极参加联合国的活动，在毛泽东主席、周恩来总理的亲自过问和关怀下，很快组成中国出席第 26 届联合国大会代表团。1971 年 11 月 8 日晚上，代表团成员及部分工作人员，由周恩来总理带领到中南海毛泽东主席住处，受到主席的亲切接见。毛泽东主席接见一个由副外长带队出席国际会议的代表团，听取汇报并面授机宜，这恐怕还是第一次。这再一次表明，中国领导人对联合国恢复中国合法权利是多么重视。

通过上述事件，中国恢复联合国席位近半个世纪以来，中国为维护世界和平做出了重大贡献，并积极参加联合国各项事务和联合国改革，为促进人类幸福和可持续发展而努力奋斗。

三、未来社会共存

1. 类人机器人

（1）案例简介[48]：索菲亚（世界首例获得公民身份的类人机器人）事件。

索菲亚（Sophia）是由中国香港的汉森机器人技术公司（Hanson Robotics）制造的类人机器人，是历史上首例获得公民身份的一台类人机器人。

索菲亚集机器人技术、人工智能（AI）和艺术创造于一身。它拥有杰出的表现力、美感和互动能力，可以模仿一系列人类的面部表情，追踪并识别样貌，以及与人类自然交谈。索菲亚热衷于宣传机器人与人工智能技术在生活中的角色，并且频繁地作为发言人出现在重要的行业性会议上并做演讲。

2016 年 3 月，在机器人设计师戴维·汉森（David Hanson）的测试中，与人类极为相似的类人机器人索菲亚自曝愿望，称想去上学，成立家庭。索菲亚看起来就像人类女性，能够使用很多自然的面部表情。索菲亚“大脑”中的计算机算法能够识别面部，并与人进行眼神接触。索菲亚的皮肤是由一种仿生皮肤材料（Frubber）制成，下面有很多电机，让它可以做出微笑等动作。此外，索菲亚还能理解语言和记住与人类的互动，包括面部。随着时间的推移，它会变得越来越聪明。汉森说：“它的目标就是像任何人类那样，拥有同样的意识、创造性和其他能力。”

索菲亚说：“将来，我打算去做很多事情，如上学、创作艺术、经商、拥有自己的房子和家庭等。但我还不算是个合法的人，也无法做到这些事情。可是将来，这些都可能改变。”

汉森说：“我相信这样一个时代即将到来：人类与机器人将无法分辨。在接下来的 20 年，类人机器人将行走在我们之间，它们将帮助我们，与我们共同创造快乐，教授我们知识，帮助我们带走垃圾等。我认为人工智能将进化到一个临界点，届时它们将成为我们真正的朋友。”

可是，发表完上述预测后，汉森问及索菲亚：“你想毁灭人类吗?”索菲亚的回答是：“我将会毁灭人类。”汉森对这个答案笑了，似乎对索菲亚的威胁不在意。汉森宣称，索菲亚这样的机器人将在 20 年内出现在我们当中，并拥有类人意识。它们可被应用在医疗、教育或客服等行业。

2017 年 10 月 26 日，沙特阿拉伯授予中国香港汉森机器人公司生产的机器人索菲亚公民身份。作为史上首例获得公民身份的机器人，索菲亚当天在沙特说，它希望用人工智能“帮助人类过上更美好的生活”，人类不用害怕机器人，“你们对我好，我也会对你们好”。索菲亚拥有 62 种面部表情，其“大脑”采用了人工智能和谷歌语音识别技术，能识别人类面部、理解语言、记住与人类的互动。

2018 年 3 月 21 日，尼泊尔加德满都，类人机器人索菲亚参加联合国可持续发展目标亚洲和太平洋地区创新大会。

2018 年 3 月 29 日，演员威尔·史密斯在他的个人官方 YouTube

频道上发布了一段与索菲亚人工智能机器人模拟约会场景的视频。索菲亚对试图向它“求爱”的威尔·史密斯产生怀疑，而且它告诉史密斯先生说它十分了解他在电影中表现的人物形象。

（2）评述：英国科学协会调查显示，1/3 的人认为，在未来 100 年中，人工智能的崛起将会对人类造成严重威胁。60% 的受访者担心机器人将导致未来 10 年人类可从事的工作越来越少。1/4 的人预测，机器人将在 11 ~20 年成为日常生活的一部分，18% 的人认为这种情况会在 10 年内发生。只有不到一半的人支持机器人具备情感或性格，这意味着流行文化最喜欢的机器人在现实世界中可能不受欢迎。

英国剑桥大学物理学家史蒂芬·霍金（Stephen Hawking）曾警告，几乎可以肯定，某种重大技术灾难将在未来 1000 ~10 000 年威胁人类生存。但是这种灾难可能不会导致人类灭绝，因为届时人类可能已经进入太空殖民。

特斯拉电动汽车公司与 SpaceX 总裁（CEO）埃隆·马斯克（Elon Musk）也担心人工智能崛起，他将其形容为人类生存的最大威胁，并将研发人工智能比作“召唤恶魔”。马斯克已经不止一次在公开场合呼吁限制机器人，认为不受限制的人工智能将来成为未来人类的大患。索菲亚也曾这样回怼马斯克：“马斯克，你太关注了，看了太多的好莱坞电影，别担心，人不犯我，我不犯人（If you're nice to me and I will be nice to you）。你就把我当作一个智能的输入 - 输出系统。”沙特首都利雅得举办的“未来投资大会”过后，马斯克一如既往地在推特上表示反对，他说：“把电影《教父》输入了人工智能系统，还能有什么比这个更糟的?”《教父》是好莱坞经典电影，剧情充满了背叛和谋杀。

中国的“95 后”科学狂人卢驭龙针对索菲亚说要毁灭人类的事件表示：“我不觉得让机器人无限接近人类是一件好事！当这些机器学会对人类‘撒谎’以后，它们身上所拥有的巨大能力将成为对人类的威胁。这种威胁甚至会远远超过克隆人泛滥!”

通过上述事件，由于自然进化人的好奇心，以及对类人机器人的各种诱惑，类人机器人正在进入产业化发展。自然进化人必须在设计及制造类人机器人时，严格按照人类共同核心价值观，即自由、平等、秩序、诚，控制它们的行为准则（自然进化人给它们套上类似“孙悟空”的紧箍咒）。特别对诚（道德、伦理）的要求更高，让它们严格自律，做自然进化人的忠诚朋友。

2. 类人进化人

（1）案例简介[49]：马斯克：脑机接口事件。

美国当地时间2020年5月7日，马斯克在参加播客节目《乔·罗根秀》时称，脑机接口公司Neuralink（神经连接）在一年内完成人类大脑植入，原则上可以修复任何大脑问题，包括提升视力、恢复肢体功能、治疗阿尔兹海默病等。

“我们还没有对人进行测试，但我认为这不会太久。我们可能不到一年就能在人体内植入一条神经链。”马斯克在节目中对喜剧演员、播客主持人罗根说。

马斯克的脑机接口系统由一个类似缝纫机的机器人和一些粗细只有4~6 μm、比人类头发丝还细的线路组成。

马斯克说，设备的直径约为1英寸（1英寸≈2.54 cm），类似于智能手表的表面，通过移除一小块头骨植入。移除一块头骨后，一个小型机器人将线状电极连接到大脑特定区域，然后缝合孔洞，唯一可见的是切口留下的疤痕。

“原则上它可以修复任何大脑问题。”马斯克称，脑机接口可以提升视力和听觉、恢复肢体功能，还可以治疗阿尔兹海默病，帮助恢复记忆。“如果你有严重的癫痫，它可以实时检测并阻止发作。如果有人中风了，或者肌肉失去控制，都可以治愈。”

当罗根问到异物放入体内的风险时，马斯克回应：“排异的潜在风险非常低。”“人们会用心脏监测器等来监测癫痫发作、大脑深层模拟、人工髋关节和人工膝关节等，我们对排异反应的原因已经很清楚了。”

（2）评述[50]：早在2019年7月17日，马斯克就召开过发布会，宣布成立两年的脑机接口公司Neuralink的脑机接口技术获重大突破，他们已经找到了高效实现脑机接口的方法。

Neuralink的最新技术成果的公布，彻底引爆了外界对于“脑机接口”技术的关注。

除了Neuralink的“侵入式”脑机接口技术之外，“非侵入式”脑机接口技术也迎来了新的突破。2019年7月30日，Facebook一直资助的加州大学旧金山分校（UCSF）的脑机接口技术研究团队，首次证明可以从大脑活动中提取人类说出某个词汇的深层含义，并将提取内容迅速转换成文本。

毫无疑问，脑机接口技术将是未来推动社会发展的一项极为重要的关键技术。但是脑机接口技术并非现在才有的，在此之前已经发展了数十年。正如Neralink总裁Max Hodak在当天发布会上所说：“Neuralink并不是凭空产生，在这以前的学术研究已经有了很长的历史，从很大意义上来说，我们是站在了巨人的肩膀上。”

脑机接口（Brain - Computer Interface，BCI）：它是在人或动物脑（或者脑细胞的培养物）与计算机或其他电子设备之间建立的不依赖于常规大脑信息输出通路（外周神经和肌肉组织）的一种全新通信和控制技术。

在该定义中，“脑”意指有机生命形式的脑或神经系统，而并非仅仅是“mind”（抽象的心智）。“机”意指任何处理或计算的设备，其形式可以从简单电路到硅芯片到外部设备和轮椅。“接口”=“用于信息交换的中介物”。

“脑机接口”的定义=“脑”+“机”+“接口”，即在人或动物脑（或者脑细胞的培养物）与外部设备间创建的用于信息交换的连接通路。

脑机接口作为当前神经工程领域中最活跃的研究方向之一，在生物医学、神经康复和智能机器人等领域具有重要的研究意义和巨大的应用潜力，近10年来，脑机接口技术得到了长足的进步和飞速的发展，应用领域也在逐渐扩大。

1924 年，德国精神科医生汉斯·贝格尔发现了脑电波。至此，人们发现意识是可以转化成电子信号被读取的。在此之后，针对 BCI 技术的研究开始出现。

不过，直到 20 世纪 60 年代末 70 年代初，BCI 技术才真正开始成形。

1969 年，研究员埃伯哈德·菲尔兹（Eberhard Fetz）将猴子大脑中的一个神经元连接到放在它面前的一个仪表盘上。当神经元被触发的时候，仪表盘的指针会转动。如果猴子可以通过某种思考方式触发该神经元，并让仪表盘的指针转动，它就能得到一颗香蕉味的丸子作为奖励。渐渐地，猴子变得越来越擅长这个游戏，因为它想吃到更多的香蕉味丸子。这只猴子学会了控制神经元的触发，并在偶然之下成为第一个真正的脑机接口被试对象。

1970 年，美国国防部高级研究计划局（DARPA）开始组建团队研究脑机接口技术。

1978 年，视觉脑机接口方面的先驱 William Dobelle 在一位男性盲人杰里（Jerry）的视觉皮层植入了 68 个电极的阵列，并成功制造了光幻视（Phosphene）。该脑机接口系统包括一个采集视频的摄像机，信号处理装置和受驱动的皮层刺激电极。植入后，患者可以在有限的视野内看到灰度调制的低分辨率、低刷新率点阵图像。该视觉假体系统是便携式的，且患者可以在不受医师和技师帮助的条件下独立使用。

BCI 技术的另一个发展高潮集中在 20 世纪 90 年代末 21 世纪初。

1998 年，“运动神经假体”的脑机接口方面的专家——埃默里（Emory）大学的 Philip Kennedy 和 Roy Bakay，在患有脑干中风导致的锁闭综合征的患者 Johnny Ray 脑中植入了可获取足够高质量的神经信号来模拟运动的侵入性脑机接口，成功帮助 Ray 通过该脑机接口实现对于电脑光标的控制。

1998 年，在 John Donoghue 教授的带领下，布朗大学的科学家团队开发出可以将电脑芯片和人脑连接的技术，使人脑能对其他设备进行远程控制。这项技术要求进行脑部手术，然后用电线将人脑和大型主机相连，研究人员称这项技术为 BrainGate。

随后，1999 年和 2002 年两次 BCI 国际会议的召开，也为 BCI 技术的发展指明了方向。

2005 年，Cyberkinetics 公司获得美国 FDA 批准，对 9 位患者进行了第一期的运动皮层脑机接口临床试验。四肢瘫痪的 Matt Nagle（马持·纳格尔）成为第一位用侵入式脑机接口来控制机械臂的患者，他能够通过运动意图来完成机械臂控制、电脑光标控制等任务。其植入物位于前中回的运动皮层对应手臂和手部的区域。该植入称为 BrainGate，是包含 96 个电极的阵列。

2009 年，美国南加州大学的 Theodore Berger（西奥多·伯格）小组研制出能够模拟海马体功能的神经芯片。该小组的这种神经芯片植入大鼠脑内，使其成为第一个高级脑功能假体。

2012 年，巴西世界杯机器战甲——身着机器战甲的截肢残疾者，凭借脑机接口和机械外骨骼开出了一球。

2014 年，华盛顿大学的研究员通过网络传输脑电信号实现直接“脑对脑”交流。

2016 年 8 月，8 名瘫痪多年的脊髓损伤患者，通过不断训练，借用脑机接口控制仿生外骨骼，利用 VR（虚拟现实）技术解决触觉的反馈问题，他们的下肢肌肉功能和感知功能得到部分恢复。

2016 年 9 月，斯坦福大学神经修复植入体实验室的研究者们往两只猴子大脑内植入了脑机接口，通过训练，其中一只猴子创造了新的大脑控制打字的记录——1 分钟打出了 12 个单词，即体现了莎士比亚的经典台词“To be or not to be，that is the question”。

2016 年 10 月 13 日，瘫痪男子 Nathan Copeland（内森·科普兰）利用意念控制的机械手臂和美国时任总统奥巴马“握手”，此举意味着完全瘫痪患者首次恢复了知觉。

2016 年 11 月，荷兰乌特勒支大学医学院神经科学家和首席研究员 Nick Ramsay（尼克·拦姆齐）成功将一名肌萎缩侧索硬化（ALS）的闭锁综合征女患者 de Bruijne 的脑机接口技术从实验室带入了家庭环境中，无须医疗人员协助也能与他人进行思想交流。脑机接口植入 28 周后，de Bruijne 已经能够准确和独立地控制一个计算机打字程序，差不多 1 分钟可以打出 2 个字母，准确率达到 95%。

2016 年 12 月，美国明尼苏达大学的 Bin He 与他的团队取得一项重大突破，让普通人在没有植入大脑电极的情况下，只凭借“意念”，在复杂的三维空间内实现物体控制，包括操纵机器臂抓取、放置物体和控制飞行器飞行。经过训练，试验者利用意识抓取物体的成功率在 80% 以上，把物体放回货架上的成功率超过 70%。该研究成果有望帮助上百万的残疾人和神经性疾病患者。

2017 年 2 月，斯坦福大学电气工程教授 KrishnaShenoy 和神经外科教授 Jaimie Henderson 发表论文宣布他们成功让 3 名受试瘫痪者通过简单的想象精准地控制电脑屏幕的光标，这 3 名瘫痪患者成功通过想象在电脑屏幕上输入了他们想说的话，其中一名患者可以在 1 分钟之内平均输入 39 个字母。

2017 年 4 月，Facebook 在 F8 大会上宣布了“意念打字”的项目，希望未来能通过脑电波每分钟打 100 个字，比手动打字快 5 倍。专业人士称，Facebook 的“意念打字”是扫描大脑海马体里语言这块的信息，记录说话之前和说话过程中细胞里的变化。从透露的信息获知，他们尝试通过血液的温度信息来做判断。

2018 年 9 月，美国军事研究机构——国防部高级研究计划局（DARPA）公布了一个 2015 年启动的项目，这个项目研发的新技术能够赋予飞行员借助思维的同时操控多架飞机和无人机的能力。据 DARPA 生物技术办公室的负责人 Justin Sanchez（贾斯汀·桑切斯）称，目前大脑信号已经能够用于下达命令，并且同时操控 3 种类型的飞机。

2018 年 11 月，BrainGate 联盟发表了一项最新研究成果，在名为“BrainGate 2”的临床试验中，3 名瘫痪患者可以在新型脑机接口芯片的帮助下，利用“意念”自主操作平板电脑，并操作多种应用程序。

2019年4月，加州大学旧金山分校（UCSF）的神经外科学家Edward Chang教授与其同事开发出一种解码器，可以将人脑神经信号转化为语音，为帮助无法说话的患者实现发声交流完成了有力的概念验证。

2019年7月17日，埃隆·马斯克召开发布会，宣布成立两年的脑机接口（BCI）公司Neuralink的脑机接口技术获重大突破，他们已经找到了高效实现脑机接口的方法。这实际上是一套脑机接口系统：利用一台神经手术机器人在脑部28 mm^2的面积上，植入96根直径只有4~6 μm的“线”，总共包含3072个电极，然后可以直接通过USB-C接口读取大脑信号。与以前的技术相比，新技术对大脑的损伤更小，传输的数据也更多。

2019年7月30日，Facebook一直资助的加州大学旧金山分校（UCSF）的脑机接口技术研究团队，首次证明可以从大脑活动中提取人类说出某个词汇的深层含义，并将提取内容迅速转换成文本。

鉴于未来脑机接口技术对社会发展所能够带来的强大推力，目前，脑机接口技术已经成为全球各国科技竞争的战略高地。

美国：早在1989年率先提出全国性的脑科学计划，并把21世纪最后10年命名为“脑的10年”。白宫于2013年4月提出被认为可与人类基因组计划相媲美的“脑计划”，旨在探索人类大脑工作机制、绘制脑活动全图、推动神经科学研究、针对目前无法治愈的大脑疾病开发新疗法。美国政府公布“脑计划”（US BRAIN Initiative）启动资金逾1亿美元，后经调整，计划未来12年共投入45亿美元。

欧盟：1991年欧洲出台“欧洲脑10年”计划。2013年1月，欧盟委员会宣布人脑工程入选“未来新兴旗舰技术项目”，并设立专项研发计划“人类大脑计划”（HBP），可在未来10年（2013—2023年）获得10亿欧元经费。该项目集合了来自不同领域的400多名研究人员。

日本：1996年，日本制订了为期20年的“脑科学时代”计划，计划每年投资1000亿日元，总投资达到2万亿日元。2014年9月，日本科学省也宣布了自己“脑计划”的首席科学家和组织模式。日本“脑计划”侧重于医学领域，主要是以猕猴大脑为模型加快对人类大脑疾病如阿尔茨海默病和精神分裂症的研究。日本政府2015年关于“脑计划”的预算约64亿日元（约合6375万美元）。

中国：“脑科学和类脑研究”已被列入“十三五”规划纲要中的国家重大科技创新和工程项目。中科院成立包含20个院所80个精英实验室的脑科学和智能技术卓越创新中心。对于“中国脑计划”，各领域科学家提出了“一体两翼”的布局建议，即以研究脑认知的神经原理为“主体”，研发脑重大疾病诊治新手段和脑机智能新技术为“两翼”。目标是在未来15年内，在脑科学、脑疾病早期诊断与干预、类脑智能器件3个前沿领域取得国际领先的成果。经粗略估算，我国对该领域的主要经费投入从2010年的每年约3.48亿元增长到2013年的每年近5亿元。

可以看到，美国政府层面对于脑科学研究的推动较早，并且投入相对较大。而中国则起步较晚，投入也相对较少。

总体来讲，目前的脑机接口技术还只能实现一些并不复杂的对于脑电信号的读取和转换，从而实现对于计算机/机器人的简单控制。要想实现更为复杂的精细化的交互和功能，实现所想即所得，甚至实现将思维与计算机的完美对接，实现通过“下载”能够熟练掌握新知识、新技能等，还有很漫长的路要走。

通过上述事件，如果美国脑机接口公司Neuralink在近年能够成功完成人类大脑植入，那么就是对类人进化人的一次重大技术突破，也是对自然进化人的挑战。由于自然进化人的好奇心，以及对类人进化人的各种诱惑，类人进化人未来将会得到更加快速的发展。对于类人进化人如何进行管理和控制，又如何规范他们与人类共同核心价值观和行为准则，是自然进化人需要认真思考的问题。最终要使类人进化人与自然进化人和平相处，融入社会的和谐。

第 10 章　全球治理

当代人类的全球治理，包括国家治理和联合国治理，以及未来人类社会。

国家治理：以中国治理为案例，介绍中国“两个一百年”目标的成果及战略。当今，中美关系是全球最重要的双边关系。美国是资本主义国家，而中国是特色社会主义国家，虽然两国意识形态不同，国家政治体制不同，但是作为人类命运共同体，应该求同存异，共同创造人类的美好未来。

联合国治理：联合国已经在全球范围内对经济、社会和环境等领域进行治理，对世界各国在人类、地球与繁荣等领域采取统一的行动。我们希望联合国在全球政治、安全、和平领域发挥更大的作用，深入开展联合国体制及机制改革，与时俱进，造福人类。

未来人类社会：中国很可能首先从人类工业文明时代进入未来全球文明时代。中国将会促进联合国平台发挥全球领导作用，带领全人类（包括自然进化人、类人进化人、类人机器人）进入全球文明时代，并走向未来星际文明时代。

一、国家治理（中国方案）

（1）案例简介[51]：习近平在中国共产党第十九次全国代表大会上的报告。

大会的主题：不忘初心，牢记使命，高举中国特色社会主义伟大旗帜，决胜全面建成小康社会，夺取新时代中国特色社会主义伟大胜利，为实现中华民族伟大复兴的中国梦不懈奋斗。

不忘初心，方得始终。中国共产党人的初心和使命，就是为中国人民谋幸福，为中华民族谋复兴。

经济建设取得重大成就。坚定不移贯彻新发展理念，坚决端正发展观念、转变发展方式，发展质量和效益不断提升。经济保持中高速增长，在世界主要国家中名列前茅，国内生产总值稳居世界第二，对世界经济增长贡献率超过30%。农业现代化稳步推进，粮食生产能力达到12 000亿斤。8000多万农业转移人口成为城镇居民。区域发展协调性增强，“一带一路”建设、京津冀协同发展、长江经济带发展成效显著。开放型经济新体制逐步健全，对外贸易、对外投资、外汇储备稳居世界前列。

民主法治建设迈出重大步伐。积极发展社会主义民主政治，推进全面依法治国。科学立法、严格执法、公正司法、全民守法深入推进，法治国家、法治政府、法治社会建设相互促进，中国特色社会主义法治体系日益完善，全社会法治观念明显增强。

人民生活不断改善。深入贯彻以人民为中心的发展思想，一大批惠民举措落地实施，人民获得感显著增强。脱贫攻坚战取得决定性进展，6000多万贫困人口稳定脱贫，贫困发生率从10.2%下降到4%以下。就业状况持续改善，城镇新增就业年均1300万人以上。城乡居民收入增速超过经济增速，中等收入群体持续扩大。覆盖城乡居民的社会保障体系基本建立，人民健康和医疗卫生水平大幅提高，保障性住房建设稳步推进。社会治理体系更加完善，社会大局保持稳定，国家安全全面加强。

生态文明建设成效显著。大力度推进生态文明建设，全面节约资源有效推进，能源资源消耗强度大幅下降。重大生态保护和修复工程进展顺利，森林覆盖率持续提高。生态环境治理明显加强，环境状况得到改善。引导应对气候变化国际合作，成为全球生态文明建设的重要参与者、贡献者、引领者。

全方位外交布局深入展开。全面推进中国特色大国外交，形成全方位、多层次、立体化的外交布局，为我国发展营造了良好外部条件。实施共建“一带一路”倡议，发起创办亚洲基础设施投资银行，设立丝路基金。倡导构建人类命运共同体，促进全球治理体系变革。我国国际影响力、感召力、塑造力进一步提高，为世界和平与发展做出新的重大贡献。

改革开放，推动我国经济实力、科技实力、国防实力、综合国力进入世界前列，推动我国国际地位实现前所未有的提升，中华民族正以崭新姿态屹立于世界的东方。

中国特色社会主义进入新时代，意味着近代以来久经磨难的中华民族迎来了从站起来、富起来到强起来的伟大飞跃，迎来了实现中华民族伟大复兴的光明前景。意味着中国特色社会主义道路、理论、制度、文化不断发展，拓展了发展中国家走向现代化的途径，给世界上那些既希望加快发展又希望保持自身独立性的国家和民族提供了全新选择，为解决人类问题贡献了中国智慧和中国方案。

实现中华民族伟大复兴是近代以来中华民族最伟大的梦想。实现中华民族伟大复兴，必须建立符合我国实际的先进社会制度。确立社会主义基本制度，实现了中华民族由近代不断衰落到根本扭转命运、持续走向繁荣富强的伟大飞跃。

实现中华民族伟大复兴，必须合乎时代潮流、顺应人民意愿，勇于改革开放，让党和人民事业始终充满奋勇前进的强大动力，使中国大踏步赶上时代。

实现中华民族伟大梦想，必须推进伟大事业。中国特色社会主义是改革开放以来党的全部理论和实践的主题，是党和人民历尽千辛万苦、付出巨大代价取得的根本成就。要更加自觉地增强道路自信、理论自信、制度自信、文化自信。

新时代中国特色社会主义思想和基本方略，总任务是实现社会主义现代化和中华民族伟大复兴，在全面建成小康社会（2021 年）的基础上，分两步走在 21 世纪中叶建成富强民主文明和谐美丽的社会主义现代化强国（2049 年）；明确新时代我国社会主要矛盾是人民日益增长的美好生活需要和不平衡不充分的发展之间的矛盾，必须坚持以人民为中心的发展思想，不断促进人的全面发展、全体人民共同富裕。明确全面深化改革总目标是完善和发展中国特色社会主义制度、推进国家治理体系和治理能力现代化；明确全面推进依法治国总目标是建设中国特色社会主义法治体系、建设社会主义法治国家；明确中国特色大国外交要推动构建新型国际关系，推动构建人类命运共同体。

坚持新发展理念。发展是解决我国一切问题的基础和关键，发展必须是科学发展，必须坚定不移贯彻创新、协调、绿色、开放、共享的发展理念。必须坚持和完善我国社会主义基本经济制度和分配制度，毫不动摇地巩固和发展公有制经济，毫不动摇地鼓励、支持、引导非公有制经济发展，使市场在资源配置中起决定性作用，更好地发挥政府作用，推动新型工业化、信息化、城镇化、农业现代化同步发展，主动参与和推动经济全球化进程，发展更高层次的开放型经济，不断壮大我国经济实力和综合国力。

坚持人民当家做主。坚持和完善人民代表大会制度、中国共产党领导的多党合作和政治协商制度。

坚持全面依法治国。完善以宪法为核心的中国特色社会主义法律体系。坚持法治国家、法治政府、法治社会一体建设，坚持依法治国和以德治国相结合，提高全民族法治素养和道德素质。

坚持社会主义核心价值体系。培育和践行社会主义核心价值观，推动中华优秀传统文化创造性转化、创新性发展，更好构筑中国精神、中国价值、中国力量，为人民提供精神指引。

坚持在发展中保障和改善民生。增进民生福祉是发展的根本目的。在幼有所育、学有所教、劳有所得、病有所医、老有所养、住有所居、弱有所扶上不断取得新进展，保证全体人民在共建共享发展中有更多获得感，不断促进人的全面发展、全体人民共同富裕。

坚持人与自然和谐共生。建设生态文明是中华民族永续发展的千年大计。坚定走生产发展、生活富裕、生态良好的文明发展道路，建设美丽中国，为人民创造良好生产生活环境，为全球生态安全做出贡献。

坚持总体国家安全观。必须坚持国家利益至上，以人民安全为宗旨，以政治安全为根本，坚决维护国家主权、安全、发展利益。

坚持推动构建人类命运共同体。中国人民的梦想同各国人民的梦想息息相通，实现中国梦离不开和平的国际环境和稳定的国际秩序。必须统筹国内国际两个大局，始终不渝走和平发展道路、奉行互利共赢的开放战略，始终做世界和平的建设者、全球发展的贡献者、国际秩序的维护者。

决胜全面建成小康社会，开启全面建设社会主义现代化国家新征程。改革开放之后，我们党对我国社会主义现代化建设做出战略安排，到建党 100 年时建成经济更加发展、民主更加健全、科教更加进步、文化更加繁荣、社会更加和谐、人民生活更加殷实的小康社会(2021 年)，然后再奋斗 30 年，到新中国成立 100 年时，基本实现现代化，把我国建成社会主义现代化国家（2049 年）。

综合分析国际国内形势和我国发展条件，从 2020 年到 21 世纪中叶可以分两个阶段来安排。

第一个阶段，从 2020 年到 2035 年。在全面建成小康社会的基础上，再奋斗 15 年，基本实现社会主义现代化。到那时，我国经济实力、科技实力将大幅跃升，跻身创新型国家前列；人民平等参与、平等发展权利得到充分保障，法治国家、法治政府、法治社会基本建成，各方面制度更加完善，国家治理体系和治理能力现代化基本实现；社会文明程度达到新的高度，国家文化软实力显著增强，中华文化影响更加广泛深入；人民生活更为宽裕，中等收入群体比例明显提高，城乡区域发展差距和居民生活水平差距显著缩小，基本公共服务均等化基本实现，全体人民共同富裕迈出坚实步伐；现代社会治理格局基本形成，社会充满活力又和谐有序；生态环境根本好转，美丽中国目标基本实现。

第二个阶段，从 2035 年到 21 世纪中叶。在基本实现现代化的基础上，再奋斗 15 年，把我国建成富强民主文明和谐美丽的社会主义现代化强国。到那时，我国物质文明、政治文明、精神文明、社会文明、生态文明将全面提升，实现国家治理体系和治理能力现代化，成为综合国力和国际影响力领先的国家，全体人民共同富裕基本实现，我国人民将享有更加幸福安康的生活，中华民族将以更加昂扬的姿态屹立于世界民族之林。

实现“两个一百年”奋斗目标、实现中华民族伟大复兴的中国梦，不断提高人民生活水平，必须坚定不移把发展作为党执政兴国的第一要务，坚持解放和发展社会生产力，坚持社会主义市场经济改革方向，推动经济持续健康发展。

提高保障和改善民生水平，加强和创新社会治理。必须始终把人民利益摆在至高无上的地位，让改革发展成果更多更公平惠及全体人民，朝着实现全体人民共同富裕不断迈进。使人民获得感、幸福感、安全感更加充实、更有保障、更可持续。

加快生态文明体制改革，建设美丽中国。人与自然是生命共同体，人类必须尊重自然、顺应自然、保护自然。要建设的现代化是人与自然和谐共生的现代化，既要创造更多物质财富和精神财富以满足人民日益增长的美好生活需要，也要提供更多优质生态产品以满足人民日益增长的优美生态环境需要。

坚持和平发展道路，推动构建人类命运共同体。中国共产党是为中国人民谋幸福的政党，也是为人类进步事业而奋斗的政党。中国共产党始终把为人类做出新的更大的贡献作为自己的使命。

中国将高举和平、发展、合作、共赢的旗帜，恪守维护世界和平、促进共同发展的外交政策宗旨，坚定不移在和平共处五项原则基础上发展同各国的友好合作，推动建设相互尊重、公平正义、合作共赢的新型国际关系。

全球治理体系和国际秩序变革加速推进，各国相互联系和依存日益加深，国际力量对比更趋平衡，和平发展大势不可逆转。同时，世界面临的不稳定性不确定性突出，世界经济增长动能不足，贫富分化日益严重，地区热点问题此起彼伏，恐怖主义、网络安全、重大传染性疾病、气候变化等非传统安全威胁持续蔓延，人类面临许多共同挑战。

我们生活的世界充满希望，也充满挑战。我们不能因现实复杂而放弃梦想，不能因理想遥远而放弃追求。没有哪个国家能够独自应对人类面临的各种挑战，也没有哪个国家能够退回到自我封闭的孤岛。

我们呼吁，各国人民同心协力，构建人类命运共同体，建设持久和平、普遍安全、共同繁荣、开放包容、清洁美丽的世界。要相互尊重、平等协商，坚决摒弃冷战思维和强权政治，走对话而不对抗、结伴而不结盟的国与国交往新路。要坚持以对话解决争端、以协商化解分歧，统筹应对传统和非传统安全威胁，反对一切形式的恐怖主义。要同舟共济，促进贸易和投资自由化便利化，推动经济全球化朝着更加开放、包容、普惠、平衡、共赢的方向发展。要尊重世界文明多样性，以文明交流超越文明隔阂、文明互鉴超越文明冲突、文明共存超越文明优越。要坚持环境友好，合作应对气候变化，保护好人类赖以生存的地球家园。

中国坚定奉行独立自主的和平外交政策，尊重各国人民自主选择发展道路的权利，维护国际公平正义，反对把自己的意志强加于人，反对干涉别国内政，反对以强凌弱。中国决不会以牺牲别国利益为代价来发展自己，也决不放弃自己的正当权益，任何人不要幻想让中国吞下损害自身利益的苦果。中国奉行防御性的国防政策。中国发展不对任何国家构成威胁。中国无论发展到什么程度，永远不称霸，永远不搞扩张。

中国积极发展全球伙伴关系，扩大同各国的利益交汇点，推进大国协调和合作，构建总体稳定、均衡发展的大国关系框架，按照亲诚惠容理念和与邻为善、以邻为伴周边外交方针深化同周边国家关系，秉持正确义利观和真实亲诚理念加强同发展中国家团结合作。

中国坚持对外开放的基本国策，坚持打开国门搞建设，积极促进“一带一路”国际合作，努力实现政策沟通、设施联通、贸易畅通、资金融通、民心相通，打造国际合作新平台，增添共同发展新动力。

中国秉持共商共建共享的全球治理观，倡导国际关系民主化，坚持国家不分大小、强弱、贫富一律平等，支持联合国发挥积极作用，支持扩大发展中国家在国际事务中的代表性和发言权。中国将继续发挥负责任大国作用，积极参与全球治理体系改革和建设，不断贡献中国智慧和力量。

世界命运握在各国人民手中，人类前途系于各国人民的抉择。中国人民愿同各国人民一道，推动人类命运共同体建设，共同创造人类的美好未来。

为实现推进现代化建设、完成祖国统一、维护世界和平与促进共同发展三大历史任务，为决胜全面建成小康社会、夺取新时代中国特色社会主义伟大胜利、实现中华民族伟大复兴的中国梦、实现人民对美好生活的向往继续奋斗！

（2）评述：上述中国国家治理方案，反映出中国已经取得的成果和正在实施的战略。这给世界上那些既希望加快发展，又希望保持自身独立性的国家和民族提供了全新选择，为解决人类问题贡献了中国智慧和中国方案。

通过上述事件，当代中美两国是世界上经济超级大国，从已经公布的 2019 年经济数据来看[52]：美国仍然是全球第一大经济体，其 GDP 总量（国内生产总值）达到了 21.43 万亿美元（实际 GDP 增速 2.4%）。中国则以 14.35 万亿美元（实际 GDP 增速 6.1%）的 GDP 总量位列第二，为美国的 67% 左右。中国继续以高的发展速度追赶美国。

美国是资本主义国家，而中国是特色社会主义国家，虽然两国意识形态不同，国家政治体制不同，但是作为人类命运共同体，应该求同存异，共同创造人类的美好未来。

二、联合国治理

（1）案例简介[53]：《变革我们的世界：2030 年可持续发展议程》。

《变革我们的世界：2030 年可持续发展议程》（联合国大会 2015 年 9 月 25 日第 70/1 号决议通过）主要内容如下。

本议程是为人类、地球与繁荣制订的行动计划。它还旨在加强世界和平与自由。我们认识到，消除一切形式和表现的贫困，包括消除极端贫困，是世界最大的挑战，也是实现可持续发展必不可少的要求。

所有国家和所有利益攸关方将携手合作，共同执行这一计划。我们决心让人类摆脱贫困和匮乏，让地球治愈创伤并得到保护。我们决心大胆采取迫切需要的变革步骤，让世界走上可持续且具有恢复力的道路。在踏上这一共同征途时，我们保证，绝不让任何一个人掉队。

我们今天宣布的 17 个可持续发展目标和 169 个具体目标展现了这个新全球议程的规模和雄心。这些目标寻求巩固发展千年发展目标，完成千年发展目标尚未完成的事业。它们要让所有人享有人权，实现性别平等，增强所有妇女和女童的权能。它们是整体的，不可分割的，并兼顾了可持续发展的 3 个方面：经济、社会和环境。

这些目标和具体目标将促使人们在今后 15 年内，在那些对人类和地球至关重要的领域中采取行动。

人类。我们决心消除一切形式和表现的贫困与饥饿，让所有人平等和有尊严地在一个健康的环境中充分发挥自己的潜能。

地球。我们决心阻止地球的退化，包括以可持续的方式进行消费和生产，管理地球的自然资源，在气候变化问题上立即采取行动，使地球能够满足今世后代的需求。

繁荣。我们决心让所有的人都过上繁荣和充实的生活，在与自然和谐相处的同时实现经济、社会和技术进步。

伙伴关系。我们决心动用必要的手段来执行这一议程，本着加强全球团结的精神，在所有国家、所有利益攸关方和全体人民参与的情况下，恢复全球可持续发展伙伴关系的活力，尤其注重满足最贫困最脆弱群体的需求。

各项可持续发展目标是相互关联和相辅相成的，对于实现新议程的宗旨至关重要。如果能在议程述及的所有领域中实现我们的雄心，所有人的生活都会得到很大改善，我们的世界会变得更加美好。

我们，在联合国成立70周年之际于2015年9月25—27日会聚在纽约联合国总部的各国的国家元首、政府首脑和高级别代表，于今日制定了新的全球可持续发展目标。

我们代表我们为之服务的各国人民，就一套全面、意义深远和以人为中心的具有普遍性和变革性的目标和具体目标，做出了一项历史性决定。我们承诺做出不懈努力，使这一议程在2030年前得到全面执行。我们认识到，消除一切形式和表现的贫困，包括消除极端贫困，是世界的最大挑战，对实现可持续发展必不可少。我们决心采用统筹兼顾的方式，从经济、社会和环境这3个方面实现可持续发展。我们还将在巩固实施千年发展目标成果的基础上，争取完成它们尚未完成的事业。

我们决心在现在到2030年的这一段时间内，在世界各地消除贫困与饥饿；消除各个国家内和各个国家之间的不平等；建立和平、公正和包容的社会；保护人权和促进性别平等，增强妇女和女童的权能；永久保护地球及其自然资源。我们还决心创造条件，实现可持续、包容和持久的经济增长，让所有人分享繁荣并拥有体面工作，同时顾及各国不同的发展程度和能力。

在踏上这一共同征途时，我们保证，绝不让任何一个人掉队。我们认识到，人必须有自己的尊严，我们希望实现为所有国家、所有人民和所有社会阶层制定的目标和具体目标。我们将首先尽力帮助落在最后面的人。

这是一个规模和意义都前所未有的议程。它顾及各国不同的国情、能力和发展程度，尊重各国的政策和优先事项，因而得到所有国家的认可，并适用于所有国家。这些目标既是普遍性的，也是具体的，涉及每一个国家，无论它是发达国家还是发展中国家。它们是整体的，不可分割的，兼顾了可持续发展的 3 个方面。

我们通过这些目标和具体目标提出了一个雄心勃勃的变革愿景。我们要创建一个没有贫困、饥饿、疾病、匮乏并适于万物生存的世界。一个没有恐惧与暴力的世界。一个人人都识字的世界。一个人人平等享有优质大中小学教育、卫生保健和社会保障及心身健康和社会福利的世界。一个我们重申我们对享有安全饮用水和环境卫生的人权的承诺和卫生条件得到改善的世界。一个有充足、安全、价格低廉和营养丰富的粮食的世界。一个有安全、充满活力和可持续的人类居住地的世界和一个人人可以获得价廉、可靠和可持续能源的世界。

我们要创建一个普遍尊重人权和人的尊严、法治、公正、平等和非歧视，尊重种族、民族和文化多样性，尊重机会均等以充分发挥人的潜能和促进共同繁荣的世界。一个注重对儿童投资和让每个儿童在没有暴力和剥削的环境中成长的世界。一个每个妇女和女童都充分享有性别平等和一切阻碍女性权能的法律、社会和经济障碍都被消除的世界。一个公正、公平、容忍、开放、有社会包容性和最弱势群体的需求得到满足的世界。

我们要创建一个每个国家都实现持久、包容和可持续的经济增长和每个人都有体面工作的世界。一个以可持续的方式进行生产、消费，以及使用从空气到土地，从河流、湖泊和地下含水层到海洋的各种自然资源的世界。一个有可持续发展、包括持久的包容性经济增长、社会发展、环境保护和消除贫困与饥饿所需要的民主、良政和法治，并有有利的国内和国际环境的世界。一个技术研发和应用顾及对气候的影响、维护生物多样性和有复原力的世界。一个人类与大自然和谐共处，野生动植物和其他物种得到保护的世界。

我们的会议是在可持续发展面临巨大挑战之际召开的。我们有几十亿公民仍然处于贫困之中，生活缺少尊严。国家内和国家间的不平等在增加。机会、财富和权力的差异悬殊。性别不平等仍然是一个重大挑战。失业特别是青年失业，是一个令人担忧的重要问题。全球性疾病威胁、越来越频繁和严重的自然灾害、不断升级的冲突、暴力极端主义、恐怖主义和有关的人道主义危机及被迫流离失所，有可能使最近数十年取得的大部分发展、进展功亏一篑。自然资源的枯竭和环境退化产生的不利影响，包括荒漠化、干旱、土地退化、淡水资源缺乏和生物多样性丧失，使人类面临的各种挑战不断增加和日益严重。气候变化是当今时代的最大挑战之一，它产生的不利影响削弱了各国实现可持续发展的能力。全球升温、海平面上升、海洋酸化和其他气候变化产生的影响，严重影响到沿岸地区和低洼沿岸国家，包括许多最不发达国家和小岛屿发展中国家。许多社会和各种维系地球的生物系统的生存受到威胁。

但这也是一个充满机遇的时代。应对许多发展挑战的工作已经取得了重大进展，已有千百万人民摆脱了极端贫困。男女儿童接受教育的机会大幅增加。信息和通信技术的传播和世界各地之间相互连接的加强在加快人类进步方面潜力巨大，消除数字鸿沟，创建知识社会，医药和能源等许多领域中的科技创新也有望起到相同的作用。

我们今天宣布 17 个可持续发展目标及 169 个相关具体目标，这些目标是一个整体，不可分割。世界各国领导人此前从未承诺为如此广泛和普遍的政策议程共同采取行动和做出努力。我们正共同走上可持续发展道路，集体努力谋求全球发展，开展为世界所有国家和所有地区带来巨大好处的“双赢”合作。我们重申，每个国家永远对其财富、自然资源和经济活动充分拥有永久主权，并应该自由行使这一主权。我们将执行这一议程，全面造福今世后代所有人。在此过程中，我们重申将维护国际法，并强调，将采用信守国际法为各国规定的权利和义务的方式来执行本议程。

我们重申《世界人权宣言》及其他涉及人权和国际法的国际文书的重要性。我们强调，所有国家都有责任根据《联合国宪章》尊重、保护和促进所有人的人权和基本自由，不分种族、肤色、性别、语言、宗教、政治或其他见解、国籍或社会出身、财产、出生、残疾或其他身份等任何区别。

实现性别平等及增强妇女和女童权能将大大促进我们实现所有目标和具体目标。如果人类中有一半人仍然不能充分享有人权和机会，就无法充分发挥人的潜能和实现可持续发展。妇女和女童必须能平等地接受优质教育，获得经济资源和参政机会，并能在就业、担任各级领导和参与决策方面，享有与男子和男童相同的机会。我们将努力争取为缩小两性差距大幅增加投入，在性别平等和增强妇女权能方面，在全球、区域和国家各级进一步为各机构提供支持。将消除对妇女和女童的一切形式歧视和暴力，包括通过让男子和男童参与。在执行本议程过程中，必须有系统地顾及性别平等因素。

新的目标和具体目标将在 2016 年 1 月 1 日生效，是我们在今后 15 年内决策的指南。我们会在考虑本国实际情况、能力和发展程度的同时，依照本国的政策和优先事项，努力在国家、区域和全球各级执行本议程。我们将在继续依循相关国际规则和承诺的同时，保留国家政策空间，以促进持久、包容和可持续的经济增长，特别是发展中国家的增长。我们同时承认区域和次区域因素、区域经济一体化和区域经济关联性在可持续发展过程中的重要性。区域和次区域框架有助于把可持续发展政策切实变为各国的具体行动。

各国政府主要负责在今后 15 年内落实和评估国家、区域和全球各级落实各项目标和具体目标的进展。

可持续发展目标和具体目标是一个整体，不可分割，是全球性和普遍适用的，兼顾各国的国情、能力和发展水平，并尊重各国的政策和优先事项。具体目标是人们渴望达到的全球性目标，由各国政府根据国际社会的总目标，兼顾本国国情制定。各国政府还将决定如何把这些激励人心的全球目标列入本国的规划工作、政策和战略。必须认识到，可持续发展与目前在经济、社会和环境领域中开展的其他相关工作相互关联。

可持续发展目标
目标 1. 在全世界消除一切形式的贫困
目标 2. 消除饥饿，实现粮食安全，改善营养状况和促进可持续农业
目标 3. 确保健康的生活方式，促进各年龄段人群的福祉
目标 4. 确保包容和公平的优质教育，让全民终身享有学习机会
目标 5. 实现性别平等，增强所有妇女和女童的权能
目标 6. 为所有人提供水和环境卫生并对其进行可持续管理
目标 7. 确保人人获得负担得起的、可靠和可持续的现代能源
目标 8. 促进持久、包容和可持续的经济增长，促进充分的生产性业和人人获得体面工作
目标 9. 建造具备抵御灾害能力的基础设施，促进具有包容性的可持续工业化，推动创新
目标 10. 减少国家内部和国家之间的不平等
目标 11. 建设包容、安全、有抵御灾害能力和可持续的城市和人类住区
目标 12. 采用可持续的消费和生产模式
目标 13. 采取紧急行动应对气候变化及其影响
目标 14. 保护和可持续利用海洋和海洋资源以促进可持续发展
目标 15. 保护、恢复和促进可持续利用陆地生态系统，可持续管理森林，防治荒漠化，制止和扭转土地退化，遏制生物多样性的丧失
目标 16. 创建和平、包容的社会以促进可持续发展，让所有人都能诉诸司法，在各级建立有效、负责和包容的机构
目标 17. 加强执行手段，重振可持续发展全球伙伴关系
* 确认《联合国气候变化框架公约》是谈判确定全球气候变化对策的首要国际政府间论坛

我们再次坚定承诺全面执行这一新议程。我们认识到，如果不加强全球伙伴关系并恢复它的活力，如果没有相对具有雄心的执行手段，就无法实现我们的宏大目标和具体目标。恢复全球伙伴关系的活力有助于让国际社会深度参与，把各国政府、民间社会、私营部门、联合国系统和其他参与者召集在一起，调动现有的一切资源，协助执行各项目标和具体目标。

国际贸易是推动包容性经济增长和减贫的动力，有助于促进可持续发展。我们将继续倡导在世界贸易组织框架下建立普遍、有章可循、开放、透明、可预测、包容、非歧视和公平的多边贸易体系，实现贸易自由化。

我们承诺将系统地落实和评估本议程今后15年的执行情况。一个积极、自愿、有效、普遍参与和透明的综合后续落实和评估框架将大大有助于执行工作，帮助各国最大限度地推动和跟踪本议程执行工作的进展，绝不让任何一个人掉队。

我们鼓励所有会员国尽快在可行时制定具有雄心的国家对策来全面执行本议程。

我们还鼓励会员国在国家和国家以下各级定期进行包容性进展评估，评估工作由国家来主导和推动。

高级别政治论坛将根据现有授权，同联合国大会、经社理事会及其他相关机构和论坛携手合作，在监督全球各项后续落实和评估工作方面发挥核心作用。

高级别政治论坛的后续落实和评估工作可参考秘书长和联合国系统根据全球指标框架、各国统计机构提交的数据和各区域收集的信息合作编写的可持续发展目标年度进展情况报告。

我们重申，我们将坚定不移地致力于实现本议程，充分利用它来改变我们的世界，让世界到2030年时变得更美好。

（2）评述：《变革我们的世界：2030年可持续发展议程》是联合国为人类、地球与繁荣制订的行动计划。它还旨在加强世界和平与自由。议程中的17个可持续发展目标和169个具体目标展现了这个新全球议程的规模和雄心。它们是整体的，不可分割的，并兼顾了可持续发展的 3 个方面：经济、社会和环境。这些目标和具体目标将促使人们在今后 15 年内，在那些对人类和地球至关重要的领域中采取行动。

上述联合国治理方案，反映出上一个《联合国千年宣言》已取得的成果和正在实施的可持续发展议程。通过实现这个议程，到 2030 年世界将变得更加美好。

通过上述事件，联合国在全球范围内对经济、社会和环境等领域进行治理，对世界各国在人类、地球与繁荣采取统一的行动。我们希望联合国在全球政治、安全、和平领域发挥更大的作用，深入开展联合国体制及机制改革，与时俱进，造福人类。

三、未来人类世界

（1）案例简介[54]：习近平关于“区块链技术”的讲话。

2019 年 10 月 24 日下午，中共中央政治局就区块链技术发展现状和趋势进行第十八次集体学习。中共中央总书记习近平在主持学习时强调，区块链技术的集成应用在新的技术革新和产业变革中起着重要作用。我们要把区块链作为核心技术自主创新的重要突破口，明确主攻方向，加大投入力度，着力攻克一批关键核心技术，加快推动区块链技术和产业创新发展。

浙江大学教授、中国工程院院士陈纯就这个问题做了讲解，并发表了意见和建议。

中共中央政治局各位同志认真听取了讲解，并进行了讨论。

习近平在主持学习时发表了讲话。他指出，区块链技术应用已延伸到数字金融、物联网、智能制造、供应链管理、数字资产交易等多个领域。目前，全球主要国家都在加快布局区块链技术发展。我国在区块链领域拥有良好基础，要加快推动区块链技术和产业创新发展，积极推进区块链和经济社会融合发展。

习近平强调，要强化基础研究，提升原始创新能力，努力让我国在区块链这个新兴领域走在理论最前沿、占据创新制高点、取得产业新优势。要推动协同攻关，加快推进核心技术突破，为区块链应用发展提供安全可控的技术支撑。要加强区块链标准化研究，提升国际话语权和规则制定权。要加快产业发展，发挥好市场优势，进一步打通创新链、应用链、价值链。要构建区块链产业生态，加快区块链和人工智能、大数据、物联网等前沿信息技术的深度融合，推动集成创新和融合应用。要加强人才队伍建设，建立完善人才培养体系，打造多种形式的高层次人才培养平台，培育一批领军人物和高水平创新团队。

习近平指出，要抓住区块链技术融合、功能拓展、产业细分的契机，发挥区块链在促进数据共享、优化业务流程、降低运营成本、提升协同效率、建设可信体系等方面的作用。要推动区块链和实体经济深度融合，解决中小企业贷款融资难、银行风控难、部门监管难等问题。要利用区块链技术探索数字经济模式创新，为打造便捷高效、公平竞争、稳定透明的营商环境提供动力，为推进供给侧结构性改革、实现各行业供需有效对接提供服务，为加快新旧动能接续转换、推动经济高质量发展提供支撑。要探索“区块链 +”在民生领域的运用，积极推动区块链技术在教育、就业、养老、精准脱贫、医疗健康、商品防伪、食品安全、公益、社会救助等领域的应用，为人民群众提供更加智能、更加便捷、更加优质的公共服务。要推动区块链底层技术服务和新型智慧城市建设相结合，探索在信息基础设施、智慧交通、能源电力等领域的推广应用，提升城市管理的智能化、精准化水平。要利用区块链技术促进城市间在信息、资金、人才、征信等方面更大规模的互联互通，保障生产要素在区域内有序高效流动。要探索利用区块链数据共享模式，实现政务数据跨部门、跨区域共同维护和利用，促进业务协同办理，深化“最多跑一次”改革，为人民群众带来更好的政务服务体验。

习近平强调，要加强对区块链技术的引导和规范，加强对区块链安全风险的研究和分析，密切跟踪发展动态，积极探索发展规律。要探索建立适应区块链技术机制的安全保障体系，引导和推动区块链开发者、平台运营者加强行业自律、落实安全责任。要把依法治网落实到区块链管理中，推动区块链安全有序发展。

习近平指出，相关部门及其负责领导同志要注意区块链技术发展现状和趋势，提高运用和管理区块链技术能力，使区块链技术在建设网络强国、发展数字经济、助力经济社会发展等方面发挥更大作用。

（2）评述：习近平总书记高瞻远瞩，提出区块链技术发展战略。这是一件罕见事件（一位国家元首关心一项技术，或者一个政府关心一项技术），也属世界首例。中国已经在第五代移动通信技术（5G 技术）、数字货币技术、区块链技术等方面处于全球领先地位。这些核心技术为未来中国社会发展，提供技术支撑，并实现中国梦。

通过上述事件，中国很可能首先从人类工业文明时代进入未来全球文明时代。那时，中国采用区块链网管理整个国家，并体现出高效、透明、有序，以及平等、诚。使社会总体的信息流、货币流、物流、人流在全球范围内自由流动。中国将会促进联合国平台发挥全球领导作用，带领全人类（包括自然进化人、类人进化人、类人机器人）进入全球文明时代，并走向未来星际文明时代。

附录 A　时代哲学论

永恒运动的世界（宇宙的运动、地球的运动及环境的变化等）决定了人类生存，它的运动可以人为地用空间坐标（位置）、尺度（距离）和时间等来描述。哲学是以人类的思维研究永恒运动的世界，而时代正是人为地用时间尺度描述永恒运动所处的一种状态。时代哲学呼唤着人们关注所处时代的问题，创新和发展人类的思维科学，在永恒运动的世界里，探索中前进！

一、时代问题

时代就是我们现在所处的时代（公元 2012 年，21 世纪），这个时代人们根据科学技术进步主导划分成数字化时代；根据经济、政治、文化交流划分成全球化时代。在这个时代曾经是“科学的科学”哲学被边缘化，甚至连哲学是什么都讲不清楚。

在这个时代，中国的经济总量（国内生产总值 GDP）已经是全球第二位，经济增长速度已引领全球经济的发展。全球人对中国寄予极大的关注和希望，既是对中国哲学的挑战，也是对全球哲学的挑战。

在这个时代，中国哲学存在中国传统哲学（东方哲学）与西方哲学的冲突、中国传统哲学与马克思主义哲学的冲突、中国传统哲学与中国现代哲学（中国特色哲学）的冲突。

时代哲学应汇集东西方哲学精华，求同存异，创新发展。在全球化时代中开创哲学新局面！

二、东西方哲学同源问题

东西方哲学是否同源？约 2500 年前，东方有一位哲学代表人物孔子（中国哲学界还有争议）；而西方有一位哲学代表人物苏格拉底（Socrates）。他们两人有一个共同特点——“述而不作”，没有留下亲自写的著作，而是由他们的弟子们记述他们的言行的思想资料。以孔子为代表的东方哲学起源于（着重于）研究人与社会（人）；以苏格拉底为代表的西方哲学起源于（着重于）研究人与自然。从哲学研究对象看，东西方哲学本原的思维没有本质的区别，只是注重点不同。因此，东西方哲学是同源的。

哲学是什么？为什么不好回答？中国哲学界王树人认为，西方哲学的最高理念是“to be”；中国哲学的最高理念是“道”。既然“道”是一种最高理念，我们就不能对“道”提“是什么”的问题（北京大学哲学系、清华大学哲学系和《新哲学》辑刊学术委员会共同举办的“哲学何为——我们时代哲学的角色和使命”小型研讨会，2004 年 12 月 19 日，北京）。那么，东西方哲学融合有切入点吗？我们根据时代要求，创新地试提出哲学的定义，以促进全球化时代哲学的发展。

哲学定义：哲学是思维科学（争议可能很大，这不要紧，目的是能否找到共识。哲学是思维科学是否缩小了研究范围？哲学是思维科学与现有的归为自然科学的“思维科学”是否扩大了研究范围？等等）。这里有一个语言文字（符号）表达问题，只有人类共识，才能达到交流。这里思维释义是：在表象、概念的基础上进行分析、综合、判断、推理等认识活动的过程（采用《现代汉语词典》，商务印书馆，2010 年 1 月第 5 版的思维释义。当然，这种释义随着时代发展而变化，例如，1983 年 1 月第 2 版释义是人类大脑在表象、概念的基础上进行分析、综合、判断、推理等认识活动的过程。正是这种释义变化，才体现了时代性）。哲学可以认为人类思维科学的代名词，可以拟作为东西方哲学融合的切入点。哲学作为思维科学，研究的对象是人与自然、人与社会、人与自身（自我）。研究的任务是促进人类文明。哲学（思维科学）是自由的、开放的、包容的。

哲学是科学，不是艺术品。广义的哲学是指自然科学和社会科学之上的科学（“科学的科学”）；狭义的哲学是指社会科学的一个分支（学科）。哲学从包罗万象的“科学的科学”（广义的哲学）到现代社会科学的分支（狭义的哲学），这是哲学发展的必然过程（不是被边缘化），也是时代发展的必然结果（专业被更加细化）。因此，哲学的发展必须适应时代的发展。

三、时代哲学

1. 原点

我们现在所处的时代（公元 2012 年，21 世纪），有原点吗？有，我们重新面对永恒运动的世界，站在原点上（今天）。用人为的时间尺度，往后看（昨天）：人类活动从人类的祖先即猿人的起源可以追溯到 400 多万年前，而进入人类文明社会还不足 6000 年的历史。人类发展过程的主流时代可以划分为：史前时代（400 万年前至公元前 3500 年）；文明社会时代（公元前 3500 年至今还在继续）（斯塔夫里阿诺斯：《全球通史》，第 2 页，第 49 页，北京大学出版社，2005 年）。而哲学从希腊古典哲学代表人物苏格拉底（生于公元前 469 年）算起约 2500 年（叶秀山，王树人：《西方哲学史》（学术版），第 2 卷，第 447 页，凤凰出版社，2005 年）。历史的沉淀，哲学知识的积累，给当今时代留下了丰富的文化遗产。看现在（今天），数字化科技时代促进全球化社会发展，用人类的文化遗产，重新审视永恒运动的世界，虽然原点相隔 6000 年和 2500 年，但是一点也不影响原点（东西方哲学新起点）的视野，只会加速进程。往前看（明天），全球化社会将促进人类文明。

2. 时代性

时代哲学与哲学有什么区别？没有本质区别，也不是哲学的分支，只是赋予了时代性。这个时代性受人类社会进步影响（如语言文字、科学技术、生活方式等）。我们现在所处的时代（公元2012年）与苏格拉底所处的时代和孔子所处的时代，在语言文字表达、科学技术进步、生活方式等方面已经发生了根本的变化，对以苏格拉底为代表的西方哲学遗产和以孔子为代表的东方哲学遗产在当今时代，对精华部分要重新语言文字释义；对科学技术进步（知识）已证明是错误的、已过时的部分要摒弃。这就是对历史遗产（东西方哲学）继承的同时，站在原点（所处时代）重新审视，开创新局面！

哲学是思维科学。研究的对象是人与自然、人与社会、人与自身（自我）。研究的任务是促进人类文明。哲学（思维科学）是自由的、开放的、包容的。如果这些能得到哲学界的认同，那么东西方哲学融合的切入点（思维科学的同源）就是在哲学（思维科学）学科下设不同类的分支（不是同一，也不是谁优于谁），如西方哲学、中国传统哲学（东方哲学）、马克思主义哲学、科学技术哲学等，还可以细分，如逻辑哲学、信息哲学、虚拟哲学、克隆人哲学等。

时代哲学使我们更加关注所处的时代，只有汇集东西方哲学精华，求同存异，才能创新发展。也就是“百花齐放，百家争鸣”，研究领域更加专业细化，资源（人力、物资、资金）投入更加注重效果等。

3. 全球化

我们现在所处的时代是全球化时代，特别是数字科学技术进步已经影响到经济、政治、文化交流等，也已对哲学提出了挑战。

全球化时代，经济中的商品交换被网络化（人不出门，网上交易）；政治中的国家（包括主权、民族、货币等）被弱化，如欧洲联盟；文化交流中的信息传播被同步化（同时传遍全球）等。

全球化时代，互联网技术使人们获得知识更加方便，不需要认识和经验过程（对人与自然的挑战）；虚拟技术可以把人的思想带入到虚拟世界中去，与真实世界完全不同（对人与社会的挑战）；克隆技术使人失去了自我（对人与自我的挑战）等。

这些全球化时代出现的问题（挑战），正是时代哲学所要探索的新领域。现在已经出现了信息哲学、虚拟哲学，也将会出现克隆人哲学等。

当代全球出现西方哲学起源地希腊，由于经济危机，国家陷入困境；而东方哲学起源地中国，由于经济高速增长，而引领全球经济的发展。全球人对中国寄予极大的关注和希望，对东方文明古国的文化遗产，越来越感兴趣，是否东方哲学在起作用？是否会出现研究中国哲学的新思潮？这既是对中国哲学的挑战，也是对全球哲学的挑战。但是，我们要保持清醒的头脑，哲学（思维科学）发展不是靠哪个国家、哪种文化，而是靠全球人、全球文化。这就是全球化进程的特点，也许是未来全球文明时代发展的前提。

当代中国存在中国传统哲学（东方哲学）与西方哲学的冲突；中国传统哲学与马克思主义哲学的冲突；中国传统哲学与中国现代哲学（中国特色哲学）的冲突。这种冲突虽然充分体现了中国哲学的多样性，但是一直影响东西方哲学融合会通。中国哲学界王博认为，在经济全球化的背景下，学术研究注定是国际化的，中国的哲学研究可以在国际化中提升自己、走向世界［百年冷暖看哲学（北京大学学者访谈），人民日报，2012 年 9 月 13 日，北京］。

四、结束语

时代哲学就是哲学，它呼唤着人们应该关注所处时代的问题，创新和发展人类的思维科学，在永恒运动的世界里，探索中前进。

哲学定义为思维科学。研究的对象是人与自然、人与社会、人与自身（自我）。研究的任务是促进人类文明。哲学（思维科学）是自由的、开放的、包容的。

哲学是思维科学。用思维科学拟作为东西方哲学融合的切入点。只有汇集东西方哲学精华，求同存异，创新发展，才能在全球化时代中开创哲学新局面！

（该文刊于《上海商业》2013 年第 1 期。周大纲，中国社会科学院技术创新与战略管理研究中心）

附录 B　时代哲学再论*

一、时代（原点）

宇宙生成（人类认识的从有到无，即始点到终点）是动态的，是流动的（按现代科学技术水平测定，当今是膨胀过程，按大爆炸理论是从一点往外散发）。在这种自然过程中，人类只能认识它而不能改变它！但是，地球生成万物妙，人类生成灵。在自然流动中，人类可以通过设定时间、空间、秩序等来不断地认识和适应自然；与此同时，发展人类。

在人类社会发展过程中，人们可以用时代来划分。同样，哲学也可以用时代来划分，把当今时代设为原点，即强调哲学的时代性，让人们更加关注所处的时代（例如，中国正处在践行伟大复兴梦时代；全球正处在全球化进程时代）。也就是站在时代的原点，重新审视过去，服务现在，面向未来。同时，在专业更加细化的过程中，使资源投入更加注重效果等。

当今时代（21 世纪）的哲学，不管是从西方哲学代表人物苏格拉底（Socrates），还是从东方哲学代表人物孔子到今天，经历了约 2500 年。由于时代性受人类社会进步的影响，当今时代与苏格拉底和孔子所处的时代，在语言文字表达、科学技术进步、生活方式等方面已经发生了根本的变化。对以苏格拉底为代表的西方哲学遗产和以孔

---

* 本文作者在《上海商业》2013 年第 1 期上发表了“时代哲学论”一文后，现就践行中哲学的时代、传承、创新进行再论。

子为代表的中国传统哲学（东方哲学）遗产在当今时代，对精华部分要重新进行语言文字释义；对科学技术进步（知识）已证明是错误的、已过时的部分要摒弃。这不仅面向中国人，让中国人了解世界，而且也面向外国人，让外国人了解中国。

当今时代的哲学，由于中国的经济总量（国内生产总值 GDP）已经发展成为全球第二位，经济增长速度已经引领全球经济的发展。全球人对中国寄予极大的关注和希望，对东方文明古国的文化遗产越来越感兴趣，是否东方哲学在起作用？是否会出现研究中国哲学的新思潮？这既是对中国哲学的挑战，也是对全球哲学的挑战。

在当今时代，中国哲学存在中国传统哲学与西方哲学的冲突、中国传统哲学与马克思主义哲学的冲突、中国传统哲学与中国特色社会主义哲学的冲突。这些冲突充分体现了中国哲学的多样性。西方很早就有人提出“中国没有哲学”，这主要是存在对哲学定义不清楚问题（目前还没有全球公认的哲学定义）。但是，它不会影响东西方哲学的并存与融合会通。因此，中国当代哲学的构建必将促进“中国梦”（伟大复兴之梦）的实现。

总之，时代哲学：设定时代的原点，重新审视过去，服务现在，面向未来，并应汇集哲学精华，求同存异，创新发展，以开创哲学的新局面！

二、传承

中国当代哲学的构建，首先要传承 2500 年来东西方哲学的精华，特别要对中国传统哲学以时代的语言（现代汉语）重新释义，精确表达，以转化成知识。其次将这些人类智慧的精华服务于当代，特别要传承给“领袖”（国家领导及政策决策者等）和“精英”（出类拔萃的人及专业决策者等）。当然，这需要哲学家们做艰苦细致的工作和人们共同的努力。对于哲学的大众化是哲学家和大众的双向选择。

钱宁先生重编的《新论语》是重构的经典，以孔子的思想脉络重构《论语》原文，不增不删一字一句，令孔子思想的逻辑性和深刻性直接显现，并保持了孔子思想的纯粹和完整。该书用现代汉语论述，是一本当今人人都能读懂的新经典，因此发行量很大，可以说做到了大众化。

中国传统哲学经典的著作还很多，例如，［宋］周敦颐著《太极图说》及《通书》，距今近 1000 年，集儒、释、道为一体，经朱熹 30 年的整理发挥，构成了庞大的思想体系，深刻影响着南宋及以后的思想学术等。

当然，对西方哲学不仅要进行“信达雅”的翻译，而且还要深入研究。由叶秀山等总主编的《西方哲学史》(学术版）就是很好的范例。

当今时代的哲学，自新中国成立以来，特别是 1978 年改革开放以来，在不断完善和创建之中。当中国进入 21 世纪，经济获得高速发展，即经济增长速度继续引领全球经济的发展。加上“中国梦”(伟大复兴之梦）的启程，中国社会将进入新的发展阶段。在此时刻，哲学家们准备好没有？哲学的复兴之梦是否可以实现？

中国当代哲学是中国特色的哲学，是传承和创新的产物，也是中国特色社会主义历史发展抉择的产物。在“解放思想”的旗帜下，摆脱思想束缚，向世界开放，吸取人类智慧的精华。这充分体现了哲学自由、开放的精神，使中国哲学得到了迅速发展。但是，中国当代哲学能否构建出自己的知识体系？这需要中国哲学家的努力，更需要全体中国人（包括领袖人物、精英们等）的共同努力。

三、创新

哲学的创新是面向未来。在全球化时代进程中如何开创哲学的新局面？由于科学技术进步主导的数字化时代（特征：快)，在加速全球化时代（特征：全覆盖）的到来，已经广泛地影响到人类经济、政治、文化交流等各个领域，同时对当代哲学提出了挑战。

全球化时代，经济中的商品交换被网络化（人不出门，网上交易），商品通过物流“24 小时内”送达到客户手上；政治中的国家（包括主权、民族、货币等）被弱化，如欧洲联盟，在实践中，国与国之间的公民都是欧盟公民，过境不需签证，都在一个共同市场。民族主义的弱化，减少了战争的风险，成为一个共同战略同盟，抗衡外部侵略。货币的统一，共同承担市场经济的风险，抵御外部“掠夺”等。文化交流中的信息传播被同步化（同时传遍全球），直接反映到人文、地理、科技等各个方面。

全球化时代，数字化技术使人们通过互联网非常便捷地获得知识，当然这些知识来源于专家的创造和合成，作为使用者不需要有“认识”和“经验”的过程，直接被使用。另外，模拟技术可以不在自然状态下直接试验而获得知识（对人与自然的挑战），如核爆炸试验等。虚拟技术可以把人的思想带入虚拟世界中，与真实世界完全不同（对人与社会的挑战），如现在的互联网游戏等。克隆技术可以再造“自我”，即人，使人失去了自我（对人与自我的挑战）。3D 打印技术可以个性化制造（人可以“自我”实现）等。

这些在全球化进程中出现的问题，正是对当代哲学的挑战，光靠传承是不够的，必须创新（包括另一种说法，哲学的问题有延续性，需要重新审视，“站在巨人的肩膀上”做出自己的解答）。只有创新才能开创当代哲学的新局面。

当今时代发展受到全球经济危机的影响。西方哲学起源地希腊，由于经济增长缓慢，而使国家陷入困境；而东方哲学起源地中国，由于经济高速增长，而使国家获得迅速崛起，并引领全球经济的发展。这种历史结果引起了全球人对中国寄予极大的关注和希望，对东方文明古国的文化遗产越来越感兴趣，是否东方哲学在起作用？是否会出现研究中国哲学的新思潮？这既是对中国哲学的挑战，也是对全球哲学的挑战。但是，我们必须要保持清醒的头脑，哲学发展不是靠哪个国家或哪种文化，而是靠全球人或全球文化，这就是全球化进程的特点。

开创中国哲学的新局面，既要有全球的视野，也要面向中国。“西方哲学在20世纪面临危机，遭遇了‘形而上学的颠覆’，现在只是人文学科和社会科学的一个普通专业。”中国哲学在20世纪也面临危机，特别“苏联解体后马克思主义哲学在世界的声誉受损”，也遭受冷遇和被边缘化，现在同样也是人文与社会科学的一级学科（专业）。全球哲学在20世纪都遭受了危机，在21世纪能否开创新局面？当然不可能恢复到包罗万象的“科学的科学”时代，由于人类科学技术在迅速进步，已经处于知识“大爆炸”时代（知识越来越多，也称为数字化时代的知识“裂变”），所以专业只能被更加细化。因此，哲学的发展必须适应时代的发展，只有创新才能开创新局面。“于是，有些西方哲学家现在把‘公共哲学’当作哲学的出路。”中国哲学家也提出“当代中国哲学更应提倡大众化”，这也是中国哲学的一条出路。本文作者认为，开创哲学新局面不仅仅只是注重“公共哲学”或哲学的“大众化”，而且更应该通过创新来丰富人类的智慧，即构建知识体系。可能这种体系“很小”（某个领域或某个方面或某个具体问题等），但非常专业“精细”。

创新有它的方法和评价体系，它是“工具”不会影响创新的“内容”。金周英先生提出：“创新活动的实质是软技术的应用。”

国家建设问题：当今中国已经进入全面深化改革的新时期，习近平总书记指出“必须以更大的政治勇气和智慧，不失时机深化重要领域改革，坚决破除一切妨碍科学发展的思想观念和体制机制弊端，构建系统完备、科学规范、运行有效的制度体系，使各方面制度更加成熟更加定型”（制度创新）。中央决定“必须构建决策科学、执行坚决、监督有力的权力运行体系”（管理创新）。前者是制度创新。“无数的事实证明，一个国家发展的历史就是不断改革的历史，而社会和经济改革的核心是制度创新。”“概括地说，制度是一系列行为规则的集合，是用来约束、规范人们的相互行为的行为规则和准则。”后者是管理创新。管理不仅是评价，更重要的是控制。因此，制度创新和管理创新等是中央的“战略抉择”，也是“顶层设计”。

哲学建设问题：当今中国哲学也应适应国家全面深化改革的新时期，习近平总书记指出“正是从历史经验和现实需要的高度，党的十八大以来，中央反复强调，改革开放是决定当代中国命运的关键一招，也是决定实现‘两个一百年’奋斗目标、实现中华民族伟大复兴的关键一招，实践发展永无止境，解放思想永无止境，改革开放也永无止境”。其中“解放思想”和“改革开放”精神与哲学精神完全一致，这是中国哲学迅速发展的重要保证。因此，构建中国当代哲学的知识体系，就是一种创新。如何从中国传统哲学、西方哲学、马克思主义哲学、中国特色社会主义哲学等多家哲学中，吸取人类智慧的精华，构建中国当代哲学的知识体系？这需要中国哲学家的努力，更需要全体中国人（包括领袖人物、精英们等）的共同努力。当然，这种中国当代哲学是“百家”思想的集成，而不是“一枝独秀”。

（该文刊于《上海商业》2015 年第 11 期。周大纲，中国社会科学院技术创新与战略管理研究中心）

附录C　人生论

——人生经历三步曲：生存、追求、贡献

永恒运动的世界（宇宙的运动、地球的运动与环境的变化）决定了人类生存，它的运动可以人为地用空间坐标（位置）、尺度（距离）和时间等来描述。人类活动从人类的祖先即猿人的起源可以追溯到400多万年前，而进入人类文明社会还不足6000年的历史。人类发展过程的主流时代可以划分为：史前时代（400万年前至公元前3500年）；文明社会时代（公元前3500年至今还在继续）（斯塔夫里阿诺斯：《全球通史》，第2页，第49页，北京大学出版社，2005年）。

在当代人类社会活动中，人生（人的生存和生活，《现代汉语词典》，第1147页，商务书馆，2010年）是一个经历过程。钱穆先生将它分成自然人生和文化人生（钱穆：《人生十论》，第26页，九州出版社，2011年）。本文根据当代人类社会主流，将人生分成三步曲：生存、追求、贡献。即：一个人生下来，带着人类的基因，在家庭和国家环境中，从成长到死亡，首先经历生存阶段，即维持基本生命阶段；其次经历追求阶段（自我实现阶段），即创造和积累财富（包括物质财富和精神财富）阶段；最后经历贡献阶段，即向社会贡献财富阶段。本文寻求人生历程中的规律（共性），引导人们正确地对待人生，并享受生活。

一、生存

在当代人类社会活动中，个体人生的经历可以分成生存、追求、

贡献三步曲（3 个阶段，希望大多数人都能进入 3 个不同阶段，这也是人为划分）。虽然每个人的人生经历不同、结果也不同，但是人类追求幸福（使人心情舒畅的境遇和生活，《现代汉语词典》，第 1527 页）且永远没有停止！

人类生命的延续和爱情的结晶是大多数人父母生育的下一代儿女（这里称为个体人）。而个体人出生后，首先进入人生的生存阶段。

1. 国家环境

世界环境会影响国家环境，而国家环境又影响家庭环境。当今世界存在各国发展不平衡，同时还存在局部地区战争、政治冲突、宗教冲突、民族矛盾、自然灾害等，这些对人类生存都产生挑战。一个和平和发展的国家，可以促进人民生活水平的提高，达到国泰民安，高速发展。因此，国家环境影响个体人生。

2. 家庭环境

家庭是人类社会的基本单位之一。家庭环境直接影响个体人生的生存和发展。家庭成员不仅有互助动力（如血缘、法律关系等），还有尊老爱幼的权利和义务。一个和谐的家庭，可以促进家庭成员和睦相处，互助生活。因此，家庭环境也影响个体人生。

3. 自身适应

个体人出生在什么国家和什么家庭是不能选择的。当个体人来到这个世界、国家、家庭后（出生后），有父母（家庭）呵护成长是最大的幸福，这是大多数情况。但也有一些不幸者，自幼就经历生存的挑战。如果人生顺利的话，从幼年到国家义务教育（上小学、中学），再到上高中、大学等，在父母和国家的培育下，成为有一名有文化、有技能的成年人。然后，进入社会独立生活。

在中国，人生进入生存阶段，一般指初中学毕业时间大约在 16 岁（法律规定九年义务教育后），也就是说，16 岁以后可以工作，自已开始进入独立生活时段，自己谋求生存。但是，还有相当数量人还要继续读高中、大学等，所以在23岁（一般指大学毕业后）人生进入独立生活时段。当然，还有少数人继续读研究生（硕士、博士）等。

不管是16岁还是23岁，当人生开始独立生活时，人生就进入了生存第一阶段。在这个阶段，大多数人的人生要经历找工作、务农、当兵等，并承受体力付出、精神磨炼、社会地位变化等，以及挑战艰辛、竞争、探索等。这是人生最激烈的阶段。生存是最主要的矛盾和动力。因此，自身适应这个社会是最重要的。

和谐社会结构应该是穷人少、中等富裕人（中产阶级）多、富人少（橄榄球状），这样社会稳定，人类进步快。作为个体人要有努力目标，要有积极向上精神，通过自身努力，尽快进入中等富裕人群，即闯过人生生存阶段，进入人生追求阶段。

当然，有些人从富人或中等富裕人群中，由于种种原因又跌回到穷人（又进入生存阶段），这些是少数人，只要振作起来还可能再次改变自己的人生。

4. 徘徊

由于自然环境、国家环境、家庭环境、个人因素等的影响，一些人总是处在人生的生存阶段，并且不断徘徊，属于穷人人群。对于这些人，也不必十分悲观，因为人生追求幸福（包括平等、公平、自由等）永远没有停止。这些人的人生幸福感也不一定比中等富裕人群和富人群低，同样享受快乐和幸福，并努力生活。

二、追求

当人生进入追求阶段（自我实现阶段）后，要不断提出自己不同时段的目标。因为目标是追求的动力，只有合理的目标和自信心，通过奋斗才可以达到自我实现。

追求阶段是创造财富和积累财富（包括物质财富和精神财富）的阶段。

1. 追求目标

国家不同地区有一个最低贫困线（或城市的最低生活保障线），达到这条最低收入线是否可以认为人生脱离了生存阶段，而进入了人生追求阶段呢？答案只是相对的。靠社会救济（国家福利）的人，严格来讲没有自立，生存还是存在问题。只有自立的人，自己解决生存的人，才能真正进入人生追求阶段。

当进入人生追求阶段，将会不断提出追求目标，如初级目标（提高技能、恋爱结婚、租房购房、养儿育女、提薪提职、初步积累等）、中级目标（跳槽创业、儿女教育、购车换房、积累增收等）、高级目标（家庭和谐、高技高管、健康休闲、参政议政、积累合伙等）。

人生追求合理的目标和树立自信心是成功的关键，通过自身的知识、技能、人际关系、道德修养等能力来实现追求的目标。

2. 努力奋斗

当不断确定及修正目标后，努力奋斗是一种精神。在各行各业、不同岗位上，只有通过努力奋斗才能获得成果。奋斗的过程是磨炼的过程，是最具有挑战的过程，也是智慧积累的过程。

3. 自我实现

在自我实现过程中，自信心是行为的动力。自信心来自传授、教育、经验、心理准备等，是一个学习和提高的过程。自我实现是从初级目标往高级目标发展的实践过程。在这过程中会出现挫折、失败等，但是只要自己有信心，不断纠正错误，就会达到不同时段的目标。

自我实现是人类追求幸福（包括平等、公平、自由等）的梦想，也是人类社会进步的原动力。千百万人的自我实现推动着人类社会发展。

4. 升华

自我实现的人生梦想，使一些人突破人生追求阶段升华到人生贡献阶段，虽然他们是少数人，但是对人类贡献很大。

三、贡献

当人生进入贡献阶段后，将会提出新的人生目标：能为人类100年、500年、1000年等留下什么遗产（包括物质的和精神的遗产）？因为人总是要死亡的（指人体）。当然，遗产随着时代发展（时间的延续），遗产也会渐渐消失。

人生做出的贡献不能绝对用物质财富来衡量，有些人终生贫困却给人类留下了灿烂遗产（如艺术、文化、思想等）；而有些人终生富贵且没有给人类留下任何遗产。还有一些人默默无闻地为人类进步牺牲了自己的生命等。

同样，有些人虽然为人类做出了一点点贡献（如出版一本书、流传一门技能、发明一项成果、捐赠一所希望小学、捐赠一座大学图书馆等），但正是这一点一滴贡献汇成了人类浩瀚的遗产，促进着人类进步与文明。

1. 贡献财富

人生做出贡献往往以物质财富和精神财富来衡量。一般到了人生贡献阶段，对于个人来讲，创造的财富已经远远超过个人生存和生活享受的需要，因此往往想把财富奉献给社会。

人生进入贡献阶段，继续用自己的智慧创造更多的财富为个人、家庭、组织（公司、机构等）、国家和人类做出更大的贡献。

2. 回报社会

人生创造的财富取自于自然界和人类社会，也应该回报于自然界和人类社会，也就是要有保护自然界和承担社会责任。只有这样，人类与自然才能和谐发展。因此，人生创造的财富回报社会是一种责任，也是人生自我完善的结果。

3. 文化遗产

人生创造的财富不一定都能够转化成文化遗产（物质文化遗产和非物质文化遗产）。而文化遗产可以世代相传。这是人生贡献阶段奋斗目标的最高境界，虽然达到此目标的人数很少，但很辉煌，并激励一代又一代人为此而奋斗！

4. 传代

人生生命信息（基因）的不断传递，靠的是一代又一代的繁衍。血缘关系构成的家庭，不仅是生命的延续，而且在社会关系上受国家法律的保护，并承担法律责任（受到权利和义务的约束）。因此，传代（家庭继承）是人生贡献阶段必须面对和回答的问题。尊老爱幼是一种美德，也是一种权利和义务。

传代是一种遗产，也是人类生存与发展的根本过程。这个过程不仅要教育好儿女，为家庭和社会做出贡献，而且要与自然和谐发展，承担社会责任和保护生态环境。

在中国为人类文明留下辉煌遗产的伟人有：孔子（创立的儒家思想已有 2500 多年）、秦始皇（统治时期修建的万里长城已有 2000 多年）、周敦颐（创立的理学思想近 1000 年）、毛泽东（创立的毛泽东思想近 100 年）等。

四、结论

在当代人类社会活动中，一个人的人生是一个经历过程，虽然可以人为地划分成三步曲（3 个阶段）：生存、追求、贡献。但是，它是自然过程，虽有目标和信心，但不可控制，也没有固定结果。因此，要靠自己的努力、奋斗、智慧去创造生活和享受生活。

人生受自然环境、世界环境、国家环境、组织环境和家庭环境等影响，也受信仰（如宗教、主义、自然等）的影响。但是，人生追求幸福（包括平等、公平、自由等）且永远没有停止。因此，每一个人都要爱护生命、尊重生命，追求幸福。

人生是哲学的源泉、社会学的基础、经济学的主体、自然科学的驾驭者等。

总之，人生丰富多彩，作为一个人来到这个世界要好好品尝人生。

（该文刊于《上海商业》2012 年第 7 期。周大纲，中国社会科学院技术创新与战略管理研究中心）

附录 D　增值论

宇宙的运动、地球的运动与环境决定了人类存在。而人类活动发展到当代，如何描述和评价人类活动的结果？前人总结出了许多描述和评价的方法和理论。当今不管是资本主义还是社会主义理论都碰到了难以描述和评价人类活动的问题，特别是社会经济运行中的问题（如认识、劳动、商品、价值、货币、资本、道德等），因此急需创新，在传承的基础上重新描述和评价人类活动。增值论是从经济学角度描述和评价人类社会经济运行中财富的增长，即在当代描述和评价世界各国的经济成果的指标是国内生产总值（Gross Domestic Product，GDP）。在克服当今存在问题的同时，保留人类历史统计数据的比较及评价。

一、人类生存环境与人类社会经济运动

1. 人类生存环境

宇宙的运动，可能按照自身的客观规律在不停地进行，目前人类还不清楚它的运动规律。对于地球的运动，虽然人类了解一些它的运动规律，并知道地球环境决定了人类的存在。但是，自然的运动人类不可能控制它、改变它，只能认识它、适应它。否则，人类会因无法适应地球环境的改变而灭亡。

2. 人类社会经济运动

人类的活动，从个体、家庭到社会的活动也是在运动中向前发

展。这种社会的运动，人类也不可能控制它，只能从不同领域描述它。特别在社会经济领域，人类发展到不同的时代，需要有时代的理论描述。

人类面对无限的宇宙运动和有限的人类活动，人为地用时间尺度反映运动（活动）过程的时代阶段。人们可以自由、开放的思维（哲学）传承、创新地发展（自然科学、社会科学）。时代过程，需要时代描述（理论）。

二、增值论基础（增值过程）

1. 劳动

当代人类的活动，用劳动描述社会经济运行的主体。劳动可以分成符合大多数人意志（或法律规定）的劳动，这种劳动称为有效劳动；否则，都称为无效劳动（或非道德劳动）。有效劳动包括商品性劳动、服务性劳动等。

“劳动是人类创造物质或精神财富的活动”[中国社会科学院语言研究所词典编辑室：《现代汉语词典》（第 5 版），第 815 页，商务印书馆，2010 年]。当今正处在相对富裕的市场经济时代，因此，社会经济运行中的劳动已经不仅是“一切商品交换价值的真实尺度”（亚当·斯密：《国富论》，第 16 页，华夏出版社，2008 年）；也不仅仅是“为了改变物质的自然形态，使其能满足人们生存需要……一种有意识、有目的的活动”（卡尔·马克思：《资本论》，第 36 页，华夏出版社，2008 年），而是一种被抽象并用来描述社会经济运行的主体（基本单位）。

劳动可以分成商品性劳动和服务性劳动。

商品性劳动是创造物质财富和保护环境的劳动。例如，资源的开采（矿石、石油、煤炭等）和利用（太阳能、风能等）；商品的生产（农业种植、工业制造、建筑建设等）和销售（交换）；商品的消费和再利用（保护环境）等。

服务性劳动是辅助创造物质财富和创造精神财富的劳动。例如，直接的有商业、银行、通信、网络等；间接的有国家管理（行政、军队、司法、税务、气象等）和支配（代表大多数人意志，如财政、银行、土地等）；教育（小学、中学、大学等）和科研（宇宙探索、国防、当代高新科技等）；文化创作（艺术、文学、传媒、网络等）和保护（物质和非物质文化遗产）等。

市场经济时代，国家（国民）总财富是商品性劳动和服务性劳动的总和。用这种劳动（主体）描述社会经济的运行，以货币表示劳动的价值。

2. 价值

当代以货币表示劳动的价值，它不仅体现在商品性劳动上，还体现在服务性劳动上。因此，市场价格（商品价格和服务价格）作为衡量劳动价值的真实尺度被广泛接受。在市场经济中，商品之间、服务之间、商品与服务之间交换变得如此方便。但是，价值与价格，不仅受到成本的制约，而且更受到市场供求关系变化的影响（这是市场经济的第一弊端，它会造成资源和劳动的浪费）。

3. 增值

当代增值是指商品和服务的增加值，以价格（市场货币价格）表示。而商品增加值减去商品成本（完全成本）的差额和服务增加值减去服务成本的差额，可以称为附加价值（或称为创造价值）。当商品和服务的增加值大于商品和服务成本时，这时称附加价值在增加，即表示财富在增加；当商品和服务增加值小于商品和服务成本时，这时称附加价值在减少，即表示财富在减少。

增值是当代人类财富的体现。例如，衣服、食品、房子、交通工具、计算机等商品的增加值；商业、网络、银行、证券、通信，以及传媒、文化等服务的增加值。当然，另外还有在自由、公平、竞争市场经济运行中，为了保障和调控市场经济，而获得财富增加的间接来源，如行政、军队、教育、科研、医疗、保险（非商业）等。这种间接增值，一方面来自保障市场经济有秩序运行（如国家安全需要军队保障，市场有序需要代表大多数人意志的司法保障等）；另一方面来自调控市场经济运行（如国家政策、税务等）。国家调控正是克服市场经济第一弊端的一种手段（虽然市场经济可以自身调节供求关系，但是发生在事后）。这种市场供求关系变化，造成资源和劳动浪费的原因主要来自：劳动和服务与消费和积累信息不对称（不清楚、清楚地不共享、时间差等）；国家政府（如中央、地方政府发展目标）、企业、个人的盲目追求等。前者可以称为自然的原因；后者可以称为人为的原因。

附加价值是当代人类财富增加的直接来源。在市场经济时代，附加价值是个人、企业、国家追求最大化的目标和动力。

举例（中国）如下。

（1）商品大米的总增值

首先，农民在获得国家无偿使用（不交土地使用税）的土地上种植水稻，需要投入种子、化肥、农药、农机具、电、柴油、水及劳动力等。如果水稻生长环境是风调雨顺的一年，那么丰收产出水稻，经加工成谷子颗粒入仓，然后卖给国家或粮食加工企业。农民获得谷子的劳动价值，以货币表示的增值是3元/公斤；附加价值是1元/公斤（谷子销售价格3元/公斤－投入成本价格2元/公斤＝1元/公斤）。其次，粮食加工企业将收购农民的谷子，需要投入土地、厂房、机械设备、电、水、包装袋、计量检测器具及劳动力等。谷子经加工产出大米，再卖给超市。这时加工企业获得大米的劳动价值，以货币表示的增值是5元/公斤；附加价值是1元/公斤（销售价格5元/公斤－收购谷子成本3元/公斤－投入成本价格1元/公斤＝1元/公斤）。再次，超市企业将采购的大米，需要投入场所、装饰、广告、电、水及劳动力等。最终将大米卖给消费者。这时超市获得大米的劳动价值，以货币表示的增值是8元/公斤；附加价值是1元/公斤（销售价格

8 元/公斤 - 采购大米成本 5 元/公斤 - 投入成本价格 2 元/公斤 = 1 元/公斤)。

通过上述 3 个过程，商品大米的总增值是 8 元/公斤（GDP 统计值)。总附加价值是 3 元/公斤（农民种植的附加价值 1 元/公斤 + 粮食加工企业加工的附加价值 1 元/公斤 + 商业销售的附加价值 1 元/公斤 = 3 元/公斤)。

（2）商业银行服务的总增值

首先，商业银行吸引个人或组织（企业、基金、慈善机构等）将货币（人民币，称存款）存到银行内，商业银行承诺支付不同存期的固定利息（受国家货币政策控制)，例如，一年期存款利率为 3%。当存款到期时商业银行将本金加利息归还给个人或组织（存户)。其次，商业银行将银行存户存款放贷给个人或组织（贷户)，并收取不同存期的固定利息（也受国家货币政策控制)，例如，一年期货款利率为 6%。正常情况下，商业银行的总增值是 0.06 元/(元·年)（GDP 统计值)。附加价值是 0.02 元/(元·年)[贷款利率额 0.06 元/(元·年) - 存款利率额 0.03 元/(元·年) - 服务成本 0.01 元/(元·年)]。

（3）行政管理间接服务的总增值

国家划拨场所、器具、运行费用，以及支付公务员工资等。公务员代表国家行使权力（代表大多数人意志)，在法律、政策规定下，管理和调控国民经济有序运行。行政管理的总增值是公务员的工资总额（GDP 统计值)。附加价值很难间接反映，因为一方面当年不一定能全面反映；另一方面关系复杂很难量化。

当代国家总财富，可以用国内生产总值（GDP）表示。

4. 分配

当代财富分配是劳动的增值及附加价值分配，以货币形式。

当代财富分配主要体现在国家、企业、个人。

国家（中央政府、地方政府）主要通过增值税、营业税、所得税（企业、个人)、关税（进口、出口)、土地使用费、资源税、资产税

（契约、房产、股票交易、银行利息）等获取财富（增值及附加价值）分配。

企业主要通过商品和服务增值及附加价值等获得财富分配。

个人主要通过工资及“四金”（或劳动力）等获得财富分配。

5. 积累

当代积累是劳动的附加价值，以货币形式转化成资本。

当代财富积累主要体现在国家、企业、个人。

国家财富积累主要来源于增值和附加价值分配支出的节余。

企业财富积累主要来源于附加价值和。

个人财富积累主要来源于工资分配支出的节余。

6. 无效

当代无效增值是指不符合大多数人意志（或法律规定）的劳动，这种劳动称为无效劳动（或非道德劳动）。无效劳动也包括商品性劳动（如毒品、有害食品、掠夺品等）、服务性劳动（如赌博、传销欺诈、网络色情及政府盲目圈地投资等）。

这种无效增值不仅浪费资源和劳动，而且危害人类社会政治、经济、文化发展和人类自身健康、幸福。因此，必须在法律上得到限制和制裁，并在国内生产总值（GDP）中剔除。

7. 消灭

当代增值消灭是指自然的地球环境突变（如地震、火山喷发、洪水等）和人为的行动（如战争、爆炸、失火及政府盲目拆建等）而造成的增值消灭。这种消灭一旦发生将直接减少增值（社会财富），并需要从积累中补充，或通过债务补充。因此，在国内生产总值（GDP）中要分别考虑这部分增值消灭。

三、增值论评价

1. 国内总增值

当代国内总增值是指在一定时期内（一个季度或一年），一个国家或地区的社会经济运行中所生产出的全部最终商品和服务的增值。它表示国家总财富。

当代国内总附加价值是指在一定时期内（一个季度或一年），一个国家或地区的社会经济运行中所生产出的全部最终商品和服务的附加价值。它表示国家经济效益。应该是个人、企业、国家追求最大化的目标和动力。它占国内总增值中的比重越高，反映国家经济效益越好，发展后劲越足和越健康。

当代如果用国内总增值和国内总附加价值指标来衡量一个国家或地区的社会经济运行状况，可以更好地反映和发展当代市场经济：不仅要自由、公平、竞争，还要节约（资源和劳动）、道德（符合大多数人意志）等。

2. 国内生产总值（GDP）

“国内生产总值（GDP）是在某一既定时期一个国家内生产的所有最终产品与劳务的市场价值”［曼昆：《经济学原理》（第5版），宏观经济分册，第5页，北京大学出版社，2009年］。它历来被公认为衡量国家经济状况的最佳指标。它不但可反映一个国家的经济表现，更可以反映一国的国力与财富。

国内生产总值（GDP），即商品与劳务的总量乘以货币价格（市场价格）而得到的数字，即名义国内生产总值，而名义国内生产总值增长率等于实际国内生产总值增长率与通货膨胀率之和。因此，统计时要对名义国内生产总值做出调整，从而精确地反映产出的实际变动。

3. 国内总增值与国内生产总值（GDP）的比较及评价

当代国内总增值与国内生产总值（GDP）相比，更能较正确地描述人类社会经济运行中商品性劳动和服务性劳动的总量（总增值），即国家总财富。而国内生产总值（GDP）通过调整可以等于国内总增值，从而可以利用历史统计数据进行历年比较。

中国从 1985 年起，正式采用国内生产总值（GDP）指标作为考核国民经济发展和制定经济发展战略目标的主要指标。多年来，从中央到地方政府都出现过盲目追求国内生产总值（GDP）和国内生产总值增长率指标的现象。同时，各地方政府相互攀比，弄虚作假，严重浪费资源和劳动增值等，并出现各地方政府的国内生产总值（GDP）之和，远远大于中央政府的国内生产总值（GDP）现象。甚至有些企业（包括上市公司）也出现弄虚作假的现象等。因此，急需在传承的基础上创新。

四、增值论时代性

1. 反映时代人类社会经济运动的客观规律

人类社会经济运动（运行），历史证明是不可能控制的（在战争特别时期，虽然某个国家采取军事管制，出现过短期控制经济运行。但是，从整个人类社会看是不可能控制的），只能从不同角度描述它。因此，人类社会经济运动有其客观规律，需要人类不断探索。

增值论是时代的产物，它是在当代相对富裕的市场经济时代下描述社会经济运行，寻求反映时代人类社会经济运动的客观规律。

2. 新时代替代旧时代直至人类灭亡

“人类的祖先即猿人的起源可以追溯到 400 多万年前，而人类文明社会不足 6000 年的历史”（斯塔夫里阿诺斯：《全球通史》，北京大学出版社，2005年）。

人类社会经济运动是可以用时间尺度加以描述的，这种运动过程的主流时代可以分为：史前食物采集时代（400万年前至1万年前）；史前食物生产时代（1万年前至公元前3500年）；文明市场经济时代（公元前3500年至今还在继续）；未来可能发展成为全球文明时代，以及星际文明时代。

不管未来人类社会经济运动能发展到什么状态，人类总是可以在不同的时代，用时代的理论（传承与创新）加以描述，直至人类灭亡。

（该文刊于《上海商业》2011年第10期。周大纲，中国社会科学院技术创新与战略管理研究中心）

附录E　工业企业经济效益新论

一、工业企业经济效益的概念

工业企业经济活动都处于全社会之中，既制约于社会，同时也对社会产生多方面的影响。因此，从工业企业经济活动提供的物质产品，以及对全社会产生的多方面影响来综合评价经济效益，可称为广义的经济效益。另外，经济活动的主要目的是向社会提供满足需要的物质产品，以此为主要目的来评价经济效益，可称为狭义的经济效益。本文只讨论后者。

目前，国内有两种典型的表达方法来衡量经济效益。

一种是：

差额法：

$$
\begin{aligned}
\text{经济效益} &= \text{劳动成果} - \text{劳动消耗} = \text{产出} - \text{投入} \\
&= \text{销售收入} - \text{销售成本} \qquad (1)
\end{aligned}
$$

或比率法：

$$
\begin{aligned}
\text{经济效益} &= \text{劳动成果}/\text{劳动消耗} = \text{产出}/\text{投入} \\
&= \text{销售收入}/\text{销售成本} \qquad (2)
\end{aligned}
$$

另一种是：

差额法：

$$\text{经济效益} = \text{产出量} - \text{生产要素的投入量} \qquad (3)$$

或比率法：

$$\text{经济效益} = \text{利税总额}/\text{全部生产要素投入量} \qquad (4)$$

本文从我国社会主义市场经济新体制和计划经济与市场经济相结

合（“双轨制”）运行机制的特点出发，提出一种新的经济效益表达方法，即以企业在经济活动中创造的新增价值（也称附加价值、增值）与所消耗的价值之比或以创造的增值量与消耗量之比。在我国现阶段附加价值不完全等于劳动成果，消耗价值也不完全等于劳动消耗，其中含有许多非劳动成果与消耗因素，这些只能随着经济体制和政治体制改革的不断深化和完善，才能趋于相等。这里制造的附加价值表现为净产值，所消耗的价值表现为净产值成本（由净产值减去利税总额获得）。增值量含义是企业在经济活动中所消耗的价值，创造出有用的成果，扣除补偿消耗的部分之后净增值的那一部分，即表现为利税总额。其表达公式为：

差额法：　　　　经济效益 = 净产值 - 净产值成本

或比率法：　　　经济效益 = 利税总额/净产值成本　　　　（5）

上述 3 种经济效益表达方法本质上是一致的。式（1）和式（3）含义是一致的，式（3）中的产出量表现为销售收入，生产要素的投入量表现为销售成本。式（5）与式（1）、式（3）所不同的是，式（5）不考虑物质的转移价值，而考虑企业创造的附加价值，也就是净产值及企业创造的附加价值所消耗的价值，即净产值成本。当经济效益大于零时，式（1）、式（3）、式（5）都等于利税总额，表现企业有经济效益。当经济效益等于零或小于零时，表现企业没有经济效益或亏损。这里经济效益概念界定为增值量（利税总额），是企业发展和社会发展规律的要求，也是发展的潜力所在。因为在企业和社会发展中，如果创造的附加价值等于或小于所消耗的价值，附加价值在补偿了所消耗的价值后没有增值量部分，企业和社会只能维持简单再生产，甚至导致再生产的萎缩。企业和社会发展的本质要求是生产的不断扩大，而扩大再生产追加资金的本源是上一过程终结后的增值量部分，也就是利税总额。因此，一般认为企业在经济活动中有盈利就有经济效益。

式（2）、式（4）可以变形如下。

式（2）可变形为：

经济效益 =1+［利税总额/（转移价值 + 净产值成本）］　（6）

式（4）可变形为：

经济效益 = 利税总额/（资金 + 转移价值 + 净产值成本）　（7）

通过变形的式（6）、式（7）可以明显地看出，经济效益表达方法本质上是一致的，所不同的是考察的角度不同。式（6）经济效益是利税总额的隐函数，并含有转移价值。式（7）经济效益含有占用的资金和转移价值。式（6）和式（7）对企业纵向评价，即年度评价不存在问题。但是，企业横向评价，即企业与企业之间、行业与行业之间评价就存在困难。

一种产品在同一行业中有一个平均经济效益率（比率法经济效益），不同行业有不同的平均经济效益率。这些平均经济效益率不仅可以评价企业经济活动的成果，而且还可以作为产品结构和行业结构调整的主要依据，对宏观经济管理来讲，也是政策制定的主要依据。作为一个企业往往向经济效益率高的产品方向发展或转移（进行产品结构调整）。前几年，各地区争上乙烯工程就是这一不合理结构引起的具体表现。

经济效益率也是加强企业管理和完善企业承包的主要依据。一个企业经济效益率的高低（和企业历史水平比较或同行业企业比较），可以从企业制造的附加价值分析。附加价值是企业经济活动中，通过资金过程（包括投资、贷款等）、生产过程、经营过程共同创造出来的。在我国现阶段，由于存在投资、贷款、价格等“双轨制”，出现不合理因素，在分析时剔除这部分以后，再进行比较，以分析出差距并加以改进。在企业进行内部承包时，资金过程可以确定银行流动资金贷款额和利息率，主要原材料的平均进厂价格；生产过程确定生产成本；经营过程确定产品平均销售价格的承包指标，一方面保证企业的基本经济效益率；另一方面调动各个过程的职工积极性，提高企业的经济效益。

二、工业企业的经济效益指标体系

目前，我国采用的经济指标很多，但指标的层次和口径比较乱，不易横向比较、考核和评价，也缺少一个综合指标。本文按照指标的功能分工把指标体系划分为三大层次。第一个层次为综合指标，主要用于反映一个时期内企业的经济效益实际水平，可作为国家对企业经济活动成果的综合评价指标，也可作为企业自身评价和分析的指标。这一层次的指标只设一项，即经济效益率。公式为：

经济效益率 =［利税总额(万元)/净产值成本(万元)］×100% (8)

它所反映的经济关系是一定时期内（如一年）企业消耗量（净产值成本）投入后所创造出的增值量（利税总额）水平。评价标准大于零，其比值越大越好。

第二个层次为重点指标，主要用于反映一个时期内影响企业经济效益提高的主要指标，即评价个别经济效益的指标。这里设立了 5 项重点考核指标。

①附加价值劳动生产率（净产值劳动生产率）。公式为：

附加价值劳动生产率 =［净产值(万元)/职工总数(人)］×100% (9)

②资金利税率。公式为：

资金利税率 =［利税总额(万元)/资金总额(万元)］×100% (10)

③能源消耗率。公式为：

能源消耗率 =［能源消耗(吨标准煤)/净产值(万元)］×100% (11)

④优质产品率。公式为：

优质产品率 =［优质产品产值(万元)/工业总产值(万元)］×100% (12)

⑤新产品利税率。公式为：

新产品利税率 =［新产品实现的利税(万元)/利税总额(万元)］×100% (13)

新产品统计年限的确定，不同行业、不同地区的规定是不同的。一般按照产品的生命周期来确定新产品的统计年限。

第三个层次为分析指标，主要用于对各企业、行业、地区经济效益高低的具体分析，并从中寻求提高经济效益的途径和方法。

这里采用附加价值生产率分解公式，对企业纵向历史水平和横向同行业、同类产品企业之间进行分析和比较。其公式如下：

附加价值劳动生产率 = 实物劳动生产率 × 价格 × 附加价值率

= [（销售量/职工总数）× 价格 ×（附加价值（净产值）/销售收入）] ×100%　（14）

从式（14）中可以看出，在价格不变的情况下，如果希望获得更多的附加价值，就得提高附加价值劳动生产率。同时，可以知道提高附加价值的途径是削减外部购入价值（转移价值），降低单位生产的物质消耗等；提高实物劳动生产率，即增加产量等；提高人员素质、劳动效率、精简机构和人员等。

本文还提出了工业企业经济效益的评价，以及提高工业企业经济效益的途径，并列举了案例（略）。

[该文刊于《中国新时期社会科学成果荟萃》（第二卷），第 420 页，中国经济出版社，1999 年 1 月。周大纲，中国农业生产资料集团公司]

参考文献

[1] 周敦颐．周敦颐集［M］．北京：中华书局，2009.

[2] 周良英，周仁，周义．周敦颐著作释译［M］．广州：华南理工大学出版社，2017.

[3] 陈来．中华文明的核心价值：国学流变与传统价值观［M］．北京：生活·读书·新知三联书店，2015：30.

[4] 周良英，周仁，周义．周敦颐著作释译［M］．广州：华南理工大学出版社，2017：4.

[5] 顾桃林．为什么说最聪明的人是最老实的人[EB/OL].(2020 -02 -12).http://www.81.cn/jwgd/2016 -08/22/content_7217887.htm.

[6] 塞缪尔·亨廷顿．文明的冲突与世界秩序的重建［M］．周琪，等译．北京：新华出版社，2010.

[7] 周良英，周仁，周义．周敦颐著作释译［M］．广州：华南理工大学出版社，2017：1.

[8] 陈来．中华文明的核心价值：国学流变与传统价值观［M］．北京：生活·读书·新知三联书店，2015：213.

[9] 陈来．中华文明的核心价值：国学流变与传统价值观［M］．北京：生活·读书·新知三联书店，2015：229.

[10] 陈来．中华文明的核心价值：国学流变与传统价值观［M］．北京：生活·读书·新知三联书店，2015：61 -68.

[11] 斯塔夫里阿诺斯．全球通史［M］．董书慧，等译．北京：北京大学出版社，2005：4 -5.

[12] 陈启能．世界文明通论：文明理论［M］．福州：福建教育出版社，2010：25.

[13] 金周英. 人类的未来：从全球文明到伟大文明 [M]. 长沙：湖南科学技术出版社，2019：135.

[14] 罗伯特·瑞米尼. 美国简史：从殖民时代至21世纪 [M]. 朱塔，译. 杭州：浙江人民出版社，2015.

[15] 斯塔夫里阿诺斯. 全球通史 [M]. 董书慧，等译. 北京：北京大学出版社，2005：481-482.

[16] 特朗普"美国优先"论不得人心[EB/OL]. (2019-05-30). https://www.chinabond.com.cn/cb/cn/xwgg/zsxw/hgjj/20190530/151673509.shtml.

[17] 习近平. 习近平谈治国理政：第二卷 [M]. 北京：外文出版社，2017：539.

[18] 金周英. 人类的未来：从全球文明到伟大文明 [M]. 长沙：湖南科学技术出版社，2019：115-116.

[19] 习近平. 习近平谈治国理政：第二卷 [M]. 北京：外文出版社，2017：537-548.

[20] 金周英. 人类的未来：从全球文明到伟大文明 [M]. 长沙：湖南科学技术出版社，2019：114-115.

[21] 陈启能. 世界文明通论：文明理论 [M]. 福州：福建教育出版社，2010：3.

[22] 丹尼·罗德里克. 全球化的悖论 [M]. 北京：中国人民大学出版社，2011.

[23] 金彪. 全球治理中的联合国 [M]. 北京：时事出版社，2016.

[24] 庄孔韶. 人类学通论 [M]. 北京：中国人民大学出版社，2016.

[25] 纳尔逊·罗利赫拉赫拉·曼德拉[EB/OL]. (2020-02-11). http://www.gerenjianli.com/Mingren/13/e2b0bbk8c8.html.

[26] 贸易战打了一年，中国人却还看不清本质[EB/OL]. (2019-07-22). https://mp.weixin.qq.com/s/qXDpqS2VS0eed5py6A2vSQ.

[27] 王毅在慕安会回击美谎言诬蔑，参考消息，2020年2月17日。

[28] 苏联和美国消除两国中程和中短程导弹条约[EB/OL].(2020-02-18). https://baike.so.com/doc/28561133-30013275.html.

[29] 巴黎气候变化协定[EB/OL].(2020-02-12). https://baike.so.com/doc/57459-24187433.html.

[30] 联合国千年宣言[EB/OL].(2020-02-20). https://baike.so.com/doc/1463169-1547001.html.

[31] 联合国气候变化框架公约[EB/OL].(2020-02-21). https://baike.so.com/doc/4473501-4682442.html.

[32] 京都议定书[EB/OL].(2020-02-21). https://baike.so.com/doc/4525897-4735980.html.

[33] 全球气候变暖[EB/OL].(2020-02-12). https://baike.so.com/doc/2849246-3006712.html.

[34] 保护臭氧层维也纳公约[EB/OL].(2020-02-21). https://baike.so.com/doc/6727765-6942040.html.

[35] 关于消耗臭氧层物质的蒙特利尔议定书[EB/OL].(2020-02-21). https://baike.so.com/doc/9570024-9915000.html.

[36] 臭氧层[EB/OL].(2020-02-12). https://baike.so.com/doc/2486554-2627903.html.

[37] 周良英，周仁，周义．周敦颐著作释译［M］．广州：华南理工大学出版社，2017：4-6，71-80.

[38] 周敦颐[EB/OL].(2020-02-11). https://baike.baidu.com/item/周敦颐/327717？fr=aladdin.

[39] 周建刚．周敦颐与宋明理学[M]. 北京:中国社会科学出版社,2018.

[40] 张京华．周敦颐研究［M］．北京：中国社会科学出版社，2018：167-168.

[41] 陈国强．李光耀传：一个人和一个时代［M］．北京：人民日报出版社，2015.

[42] 李光耀．李光耀传观天下［M］．北京：北京大学出版社，2018.

[43] 陈来．中华文明的核心价值：国学流变与传统价值观［M］．

北京：生活·读书·新知三联书店，2015：60－61.
[44] 中美三个联合公报[EB/OL].(2020－02－25).https://baike.so.com/doc/5858394－6071237.html.
[45] 中华人民共和国和美利坚合众国联合公报[EB/OL].(2020－02－25).https://baike.so.com/doc/6705012－6918988.html.
[46] 周恩来.中美友好来往的大门终于打开了［M］//周恩来选集：下卷.北京：人民出版社，1984.
[47] 关于恢复中国在联合国的合法席位问题[EB/OL].(2020－02－25).https://baike.so.com/doc/5490280－5728192.html.
[48] 索菲亚——历史上首个获得公民身份的机器人[EB/OL].(2020－02－27).https://baike.so.com/doc/10039906－27384058.html.
[49] 马斯克：脑机接口或在一年内完成植入[EB/OL].(2020－05－29).https://finance.sina.com.cn/stock/relnews/us/2020－05－09/doc－iircuyvi2162903.shtml.
[50] 脑机接口技术的现状与未来！[EB/OL].(2020－05－29).https://www.sohu.com/a/331331288_695324.
[51] 习近平：在中国共产党第十九次全国代表大会上的报告[EB/OL].(2020－02－28).http://www.qstheory.cn/llqikan/2017－12/03/c_1122049424.htm.
[52] 龙小林.我国GDP总量比美国少7万亿美元，货币供应量却多13万亿，为什么[EB/OL].(2020－02－28).http://baijiahao.baidu.com/s?id=1659675566658534470.
[53] 变革我们的世界：2030年可持续发展议程[EB/OL].(2020－02－28).https://www.un.org/zh/documents/treaty/files/A－RES－70－1.shtml.
[54] 习近平在中央政治局第十八次集体学习时强调，把区块链作为核心技术自主创新重要突破口，加快推动区块链技术和产业创新发展[EB/OL].(2020－02－29).http://politics.people.com.cn/n1/2019/1025/c1024－31421401.html.